JN410800

하나아~♬ 두우울~♪ 하며 살자

하나아~♬ 두우울~♪ 하며 살자

초판 1쇄 인쇄 2009년 2월 11일
초판 1쇄 발행 2009년 2월 16일

지은이 | 이기수
사 진 | 이병돈
펴낸이 | 김태봉
펴낸곳 | 한솜미디어
등 록 | 제5-213호

편 집 | 김주영, 김미란, 박창서
마케팅 | 김영길, 김명준
홍 보 | 장승윤

주소 | (우143-200) 서울시 광진구 구의동 243-22
전화 | (02)454-0492
팩스 | (02)454-0493
이메일 hansom@hansom.co.kr
홈페이지 www.hansom.co.kr

값 10,000원
ISBN 978-89-5959-193-0 (03810)

하나아~♬ 두우울~♪ 하며 살자

이기수 지음

한솜미디어

글을 열면서…

글을 쓴다는 것 자체가 남다른 노력과 시간의 할애, 지대한 관심 그리고 착상이 떠올랐을 때 그 즉시 펜을 드는 습관 등 모든 게 망라되어야 하듯이 이 세상에 태어나 몰입하며 산다는 것은 현실적으로 무척이나 어렵다는 생각이 든다. 어떨 때는 아주 빠르게 또 어떤 때는 천천히 속도를 조절해야 하고, 이 사람한테는 덕을 베풀고 저 사람에게서는 도움을 받으며 살 수도 있고, 처해진 환경에 따라 부드럽게 또는 강하게 행동을 구분할 줄 알아야 한다.

사람 인(人) 자가 두 획으로 구성된 것은 자기 혼자만이 아니라 이웃과 더불어 살아가라는 뜻이다. 자식을 키우면서도 야단을 쳐야 될 때가 있고, 칭찬을 해 주어야 할 경우가 있듯이 모든 것은 음과 양의 조화 속에서 이루어진다.

산에 오르면 반드시 내려와야 하듯이 우리네 일상은 쌍방향으로 행동하기를 요구한다. 자동차를 운전할 때도 쉬지 않고 달리고 싶지만 빨간 신호등 앞에서는 멈추어야 하듯이 자기 혼자만의 욕심과 생각으로 이 세상을 살아갈 수는 없는 것이다. 더불어 산다는 것은 기쁨도 두 배로 함께 할 수 있지만 그 반대로는 남을 위해 일정한 제한도 적극적으로 수용해야 된다는 의미가 담겨있다. 사람은 태어나면 자식이 되고 결혼해서 자식을 얻게 되면 부모가 된다. 우리는 자식의 도리와 부모의 의무를 함께 하면서 살아가는 것이다.

"책은 현실의 고통을 견디게 하는 약이자 다른 세계로 인도하는 지도요, 가치판단의 틀을 형성하는 거름"이라고 한다.

나의 글을 통해서 공감하는 사람, 다른 생각을 갖는 사람, 자기 삶의 가이드로 활용하는 사람, "이렇게 사는 사람도 있었구나" 하며 마치 새로운 지역을 여행하는 기분을 느끼는 사람 등등 모두가 이 책과 만났을 때 가능한 일이다.

좌우지간 사람을 많이 만나는 것, 책을 많이 접하는 일, 여러 가지 환경을 많이 경험해 보는 것이 인생을 풍부하게 사는 게 아닌가 싶다.

끝으로 온 세상이 아무리 바빠도 좀 여유 있게 살아가자고 여러분 모두에게 제안하고 싶다.

이기수

목차

Part 02 봄비 내리는 날의 막걸리

Part 03 웃음에 대한 감사한 마음

Part 04 행복의 모습은 오직 마음속에 있다

Part 01

나는 내가 좋아하는 것이 있다는 것이 좋다

하나아~ 두우울~ 하며 살자

일학송(一鶴松)

행복은 내 안에 있는 것! 늘 이런 마음가짐으로 살아가려고 노력하고 있다. 금년에는 오대산 단풍이 10월 3일부터 17일까지란다. 병돈 간사와 영식 아우가 한 달간 온갖 정성을 기울여 준비해 온 일명 "추계 전지훈련" 행사는 1박2일 계획으로 금요일인 10일 아침 7시 20분 잠실 선착장 앞에서 모여 강원도 양양으로 향했다. 십여 명이 편안하게 탈 수 있는 버스로 이동하면서 설악산의 아름다운 단풍구경도 하고 동해의 깨끗하고 푸르른 바다 내음도 맡을 수 있겠다는 일석이조의 기대를 품고 그곳으로 정한 것이다.

원우회의 임 총장님과 등산회의 박 회장님은 나의 형님뻘이고 정열 원우와 문창 원우는 아우뻘이지만 무슨 일이든 서로 전기가 통하고 각자 일하는 분야는 다르지만 만나기만 하면 항상 재미나게 이야기를 주고받는 벗들이다. 물론 나머지 멤버도 늘 반갑기는 마찬가지다. "궁중회"라고 명명한 우리 모임의 구성원은 모두가 항상 보고 싶은 얼굴이다. 2년째 지내오면서 사랑싸움은 있어도 반목과 대립은 없다. 그 중심에 내가 있다. 왜냐하면 얼떨결에 회장으로 뽑혔기 때문이다. 그러다 보니 열성적으로 참석하는 회원들에게는 감사한 마음을, 역동적인 모임 운영을 위해 자발적으로 뒷바라지에 애를 쓰는 집행부 임원들에게는 늘 미안한 마음을 갖고 있다. 이러한 분위기를 바탕으로 이번 행사도 계획대로 실행되었다고 생각한다.

연로하신 버스기사의 작은 실수로 예정된 시간보다 조금 늦게 목적지에 도착했기 때문에 바로 옷을 갈아입고 간단한 점심식사 후 3개 팀으로 나누어 첫날의 라운딩을 즐겼다. 18홀 내내 유머와 웃음으로 가득 찬 우정 어린 게임을 즐긴 후 클럽하우스에서 샤워를 끝내고 다시 모여 출출한 배를 채우러 가까운 바닷가 횟집을 찾았다.

방파제 앞 십여 개 횟집에는 요즘 심한 불황으로 손님이 눈에 띄지 않았다. 저녁을 준비하는 동안 우리 모두는 방파제로 나가 평소보다 잔잔한 동해바다를 감상하고 몇 장의 기념사진도 찍었다. 동해물을 뒤로하고 설악산을 바라보며 횟집으로 되돌아오는데 조그마한 동산이 눈에 들어왔다. 이삼십 미터 높이의 그 동산은 소나무 한 그루가 동해바다를 쳐다보고 있었다. 마치 한 마리의 학처럼 그 자태를 뽐내며 꿋꿋하게 서 있는 소나무를 발견하자마자 나는 우리의 막둥이 병돈 간사에게 사진 한 방을 부탁하며 "일학송(一鶴松)"이라고 이름을 붙였다. 영식 아우가 "형님! 바로 글 한 편 쓰겠네! 사진작가는 병돈이라고 표시해요!"라고 주문했다.

모두들 시장기가 들었는지 지체 없이 횟집으로 갔다. 첫잔 소주에 맥주를 부은 폭탄주를 돌리기 위해 정열과 병돈 두 아우는 바쁘게 제조에 들어갔다. 참석자 모두에게 폭탄주가 든 맥주잔을 건네자 저쪽 끝에 앉아있던 영식 아우가 "회장님, 한 말씀 하셔야죠!" 하길래, 술잔을 높이 쳐들며 "아름다운 밤을 위하여!"라고 선창하자 모두가 "위하여!" 하며 웃음 가득한 표정으로 탄성을 질렀다. 오랜만에 동해바닷가에서 맞이하는 자리라 모두가 흥겨웠다. 정말 아름다운 밤이었다.

2차는 베스트 스코어를 낸 영식 아우가 한잔 사겠다고 자청해서 맥주집으로 자리를 옮겼다. 역시 손님이라곤 우리뿐이었다. 여느 행사와 마찬가지로 버스기사는 2차가 끝날 때까지 홀로 기다리다가 우리를 싣고 골프장에 붙어있는 숙소에 내려주고 갔다. 숙소에 돌아온 우리 일행은 영식 아우가 스폰한 와인으로 3차를 마무리하고 다음날 새벽 첫 라운딩을 위하여 잠을 청했다.

새벽 5시에 제일 먼저 기상하여 세면을 하고난 뒤 어젯밤 12시까지 벌였던 "아름다운 밤" 이후에 남겨진 와인병, 캔맥주,

접시, 과자, 젓가락, 포크, 그릇 등을 정리하고 설거지를 하며 다른 원우들이 하나 둘 일어나는 모습을 보았다. 새벽 공기는 상쾌했고 골프장은 조용한 밤을 보낸 후 말없이 우리를 기다리고 있었다.

어젯밤을 지배했던 우리는 수많은 단풍과 등산객들을 뒤로 하며 잠실로 원위치했다. 앞으로도 언제나 "일학송"처럼 깨끗하고 꿋꿋한 모습을 간직한 채 우리들의 우정이 깊어만 가길 바랄 뿐이다.

같은 공간 다른 행동

이제 76시간이 지나면 한 해가 저물게 된다. 연 3일 동안의 망년회 때문에 피곤한 상태라서 헬스클럽에 가자마자 찜질방에 들어가 TV를 보면서 옆방에서 쿵쿵 울리는 음악에 맞춰 에어로빅 하는 소리를 듣는다. 다른 장소에서는 자전거 운동을 하는 사람, 러닝머신에서 걷거나 뛰는 사람, 역기나 철봉에서 기구운동을 하는 사람 등 각양각색의 모습으로 저녁시간을 즐기고 있다.

세상의 모습도 이와 같이 같은 공간에서 다른 생각이나 행동을 하게 된다. 직장 내에서도 사용자와 근로자의 생각이 다르고 가정에서도 부부간이나 부모자식간에도 의견이 다르다. 이렇듯 사람마다 생각도 행동도 매우 다양하다고 표현할 수 있다.

한 좌석에서 술을 마시는 친구지간에도 같은 내용의 문제에 대해서 각각의 의견은 다르게 표출된다. 나와 다르다고 해서 상대방이 틀린 것은 절대 아니다. 다만 행동을 같이해야 될 경우가 있을 뿐이다. 모든 갈등의 해결방법은 내가 상대방의 입장이 되어 냉정하게 생각해 보면 좀 더 이해하기 쉬워진다.

군대 조직에서는 같은 공간에서 같은 행동을 하도록 훈련하고 팀워크를 다지게 한다. 단체 행동이 일사 분란해야 적으로부터 효율적으로 공격을 피할 수 있고 성공적으로 공격이 가능하기 때문이다. 사회에서 이루어진 동우회 조직은 군대와는 완전 별개이지만 어떤 경우에는 복장을 통일시켜 하나임을 강조하고 동일한 목적을 위하여 행동한다.

우리는 이렇듯 같은 공간에서 다른 행동도 하게 되고 같은 공간에서 같은 행동을 요구 받기도 한다. 어쩌면 사회적 동물이기에 같은 행동을 하려고 어느 단체에 들어간다. 회사나 취미활동 모임이나 어학학원 등 목적이 같은 사람들이 스스로 걸어 들어간다. 자율적으로 판단하여 자기 자신이 어떠한 공간으로 들어갈 것인가를 결정하는 것이 우리네 삶인지도 모르겠다.

나는 여러 가지 단체나 모임에 스스로 들어가려고 노력을 많이 한다. 왜냐하면 고독한 인생을 피하고 다양한 부류의 사람들을 맛보기 위해서다. 반찬도 가려 먹으면 영양 불균형이 되듯이 말이다. 모임의 목적은 같은 목표를 행동으로 옮기기 위해서 결성된다. 그래서 자기 취향과 맞아야 스스로 입회하게 된다. 입회를 선언한 이상 당초의 목적대로 행동을 같이 해야 하는데 꼭 그렇지 않은 멤버들이 생긴다. 즉 약속불이행자가 발생하는 것이다.

나는 이런 사람을 채무불이행자라고 평가해 버린다. 채무불이행자는 좌우지간 사정이 어떻든 간에 상대방을 괴롭히는 사람이다. 남의 기대를 짓밟아버리는 것이다. 이런 사람이야말로 같은 공간에서 다른 행동을 하는 우리가 제일 싫어하는 인간인지도 모르겠다.

새해에는 내 주변에 이런 부류의 사람들이 안 나타났으면 하는 게 나의 바람 중 하나이다. 물론 나 자신은 작년보다 더 노력하고 투자하여 어떤 모임이든 그 중심에 서서 다른 멤버들과 화합하여 궁극적으로는 내가 참가하는 모임은 스스로가 찾는, 단단하고 역사가 있어서 재촉하지 않아도 멤버들 스스로가 찾는 그런 활성화된 조직을 만들고 싶다.

거절의 어려움

이 세상은 나 혼자만의 생각으로 100% 살아갈 수는 없는 것 같다. 어떤 경우에는 상대방의 제안에 하는 수 없이 끌려가기도 하고 또 어떨 때는 매정하고 과감한 거절이 요구될 경우도 있다. 자식을 키우면서, 사업을 하면서, 아는 사람과 금전관계를 맺으면서, 행사에 초청을 받으면서, 건강에 해롭다는 걸 알면서도 어떤 활동을 하고 싶을 때, 증인으로서 요구 받을 때 등등 자기 생각과 배치되는 상황을 수없이 많이 조우하며 살아가는 게 우리네 인생인지도 모르겠다.

나 자신도 부모님으로부터, 친지나 친구, 부인으로부터 많은 거절을 당하면서 살아왔지만 막상 내가 거절해야 될 상황이 무척이나 고민스럽다. 상대방의 제의는 이로운 일도 있지만 수용하기 싫은 것도 많다.

내가 오랫동안 알고 지내는 어떤 사람은 언제 만나자고 전화를 걸면 항상 즉답을 회피하고 "조금 있다가 연락해 줄게"라고 말한다. 그러고 나서 얼마 후에 "나는 그때 안 되겠다"라고 답변을 주는 습성이 있다.

약속하는 게 어려운 문제는 아니니까 통화하는 중에 거절을 해도 될 텐데 모질지 못한 성격 때문에 늘 뒤로 미루는 것이다.

나 같은 경우는 더하다. 어느 누구한테서라도 만나자는 제의가 들어오면 당초의 내 스케줄을 접고 그 약속을 우선적으로 받아들이고 만다. 사실은 그 전화가 항상 나에게 관심을 갖고 있다는 뜻이라고 확대 해석하기에 거절을 못하는 것이다. 거절을 잘 못하는 성격의 소유자는 스트레스도 많이 받으리라고 생각된다. 이런 부류의 사람들은 거절 후에도 미안함을 쉽게 떨쳐버리지 못한다. 그러나 거절을 잘하는 사람들은 이런 사람들의 심정을 잘 헤아리지 못할 것이다.

결혼한 자식이 부모에게 돈을 빌려 달라고 하거나 채무보증을 서 달라고 부탁했을 때 매정하게 거절을 못하는 게 현실이다. 수용하자니 노후생활이 걱정되고 거절하자니 마음이 아파 고민하게 되는 것이다. 돌아가신 아버님 말씀에 의하면 우리 할아버지는 워낙 호인이라서 동네의 어려운 이웃들이 빚보증을 부탁하면 거의 대부분 거절을 못하고 수용하는 성격이셨단다. 그래서 있는 재산을 다 날리고 자식들을 고생시키셨고 돌아가실 때는 "형제간에도 보증은 서지 마라"는 마지막 유언을 남기셨다고 한다.

어떤 사람이라도 가슴 한 구석에는 따뜻한 마음을 가지고 있기에 거절하는 사람이나 거절 못하는 사람이나 정도의 차이는 있지만 가슴 아프기는 마찬가지일 거라고 생각된다. 진짜로 사업을 잘하는 사람들은 거절을 기가 막히게 잘한다고 들었다. 상대방의 자존심도 건들지 않고 자기 입장을 이해시키려고 노력하면서 최종적으로 거절을 한다는 것이다. 그야말로 기술적으로 거절을 잘한다는 얘기다.

거절의 대상도 가지가지다. 시간약속에 대한 거절부터 돈에 관련된 거절, 아는 사람 좀 써달라는 청탁에 관한 거절, 어떤 자리를 맡아달라고 할 때의 거절, 아는 사람을 소개해 달라고 부탁 받을 때의 거절, 동업의 제의를 받았을 때의 거절, 자식이 부모에게 무리한 요구를 할 때의 거절, 특정업체에 납품을 할 수 있도록 알선해 달라고 부탁받았을 때의 거절, 나의 명의를 빌려달라고 할 때의 거절 등등 아마도 사회생활을 하면서 수용보다는 거절을 해야 할 경우가 더 많을 것이다.

그래서 어떤 제안에 대해서 수용하려면 최악의 경우까지 헤아려서 결심해야 하고 그런 결정을 내린 후에는 항상 본인의 예상손실로 생각하고 감내해야만 마음의 평온을 그나마 찾을 수 있다. 그리고 거절할 수밖에 없는 경우라면 부탁한 상대방에게 마음의 상처를 주지 않도록 나의 입장을 잘 설명하고 거꾸로 이해를 구해야 나중에라도 좋은 관계를 유지할 수 있다고 본다. 효율적인 거절은 한 번의 섭섭함으로 끝날 수 있지만 마지못해 잘못 수용한 결과는 계속 부담으로 남게 되어 후회하게 되고 거기다 사람까지 잃을 수 있다. 그래서 상대방의 부탁을 수용할 때도 내가 감당할 수 있는 전제조건과 수용범위를 제한해서 명백하게 선을 그어야 한다. 그 상대방이 자기 자식일 때도 그렇지만 형제나 친구지간도 마찬가지이며 오랜 기간 사업관계로 잘 알고 지내온 사람이라도 똑같다고 생각된다. "거절은 순간이요 수용은 영원하다"는 말처럼 한 번의 잘못된 판단으로 돈과 사람 그리고 건강, 심지어 평온했던 가족까지도 잃게 된다.

사실은 남한테 부탁한다는 자체를 굉장히 두렵게 생각해서 아주 엄하게 자제하는 것이 제일 중요하다. 왜냐하면 부탁받는 사람이 흔쾌히 수용해준다면 가장 좋은데 그 사람 입장에서 그렇지 못해 거절해야 할 경우 미안한 마음을 갖게 하고 스트레스를 주기 때문에 노심초사해야 한다. 그래서 사람과 사람관계 즉 인간관계가 어려운 것이다.

경험의 가치

위십이장궤양을 앓아보지 않은 사람은 새벽 3시경에 속이 아파 잠을 깨는 고통을 모른다. 사업을 하다가 자금은 부족한데 조달할 길이 막막하여 한 달 이상 잠을 제대로 못 자본 경험이 없는 직장인은 사업의 어려움을 이해하지 못한다.

2003년도에 뉴욕에 사는 친구 현웅이를 만나러 갔을 때 일이다. 맨해튼에서 사업을 하는 현웅이는 미국 생활을 하는 사람들이 다 그렇듯이 목구멍이 포도청이라고 주 중에도 일을 해야만 먹고살 수 있기에 "야! 기수야, 나이아가라 폭포나 구경하러 갔다 와라!" 하며 관광회사에 예약을 해주어 미국 동부지역을 관광한 적이 있다. 어느 작은 시골마을을 지나가는데 가이드가 이런 얘기를 들려주었다.

"이곳에서 태어나 지금까지 여기서 살고 있는 고등학교 2학년 여고생은 아직까지 흑인을 직접 본 적이 없다고 합니다."

이 이야기를 듣는 순간 의아하기도 했지만 그럴 수도 있겠다는 생각이 들었다. 왜냐하면 그 학생이 바깥세상을 구경하는 건 전적으로 부모님의 의지에 달려있기 때문이며 미국이라는 나라는 내가 보기엔 50개국 규모이기에 이해할 수 있었던 것이다.

나도 학생시절에는 외국여행은커녕 국내도 잘 해야 청평이나 대성리에 캠핑 가는 게 전부였다. 왜냐하면 우리 부모님이 자식들을 데리고 여행한다는 생각은 엄두도 못 내던 시절이었기에 그럴 수밖에 없었다. 그러니 외국이란 세상은 도무지 경험할 기회가 없어 요즘으로 따지면 마치 컴맹처럼 정보의 바다를 모르고 살아가는 실정이었다. 매도 맞아 본 놈이 고통을 알듯이 바깥세상도 다녀 본 사람이 해외여행의 맛과 필요성을 느끼게 된다. 이와 같이 경험이란 사물의 이치를 판단하는 데 소중한 자산인 것이다.

며칠 전 TV에서 아파트 분양 사기사건을 시청할 기회가 있었다. 조합장이 이중으로 분양계약을 체결하여 3평짜리 단칸방에서 먹을 거, 입을 거, 애들 용돈까지 아끼며 저축했던 목돈을 날린 피해자들과 인터뷰하는 과정에서 죽고 싶다는 사람, 앞으로 어떻게 살아야 할지 모르겠다는 사람, 인생의 목표를 잃어버렸다는 사람 등등을 보면서 가슴이 아파 견딜 수가 없었지만 그들의 심정을 100% 헤아릴 수는 없었다. 사람은 모든 걸 직접 경험하고 살 수는 없는 것이니 타인의 경험을 책을 통해서, TV를 보면서, 신문지상으로 간접경험을 하며 살아간다.

내 자식을 키우면서 돌아가신 부모님의 마음을 이해할 수 있었는데, 내 자식들은 이와 같이 우리 나이가 되어야 부모 심정을 깨달을 것이라는 예측이 가능하다. 나이가 들어가면서 남의 고통을 보는 자세가 젊었을 때와 아주 달라졌다. 젊었을 때는 그냥 생각 없이 지나쳤지만 세월이 흐를수록 남의 일처럼 구경하는 것이 아니라 내가 당한 것 같이 가슴 아프고 동정하게 된다. 단지 직접 나서서 돕지만 못할 뿐이다.

요즘도 간접적으로 어려운 사람을 돕고는 있지만 내가 먹고 사는 일부를 성큼 먼저 떼어내서 사회에 일조하는 자세는 아닌 것 같다. 늘 생각은 갖고 살지만 나 먹고 사는 것도 빠듯하다는 핑계로 "다음에, 다음에" 하면서 자꾸 미루고만 있을 뿐이다. 남의 어려움을 함께 한다는 건 성숙한 자세이고 행복을 맛보는 지름길이라는 것도 늘 생각하고 있지만 행동이 뒤따르지 못하고 있다는 의미다.

남을 돕는 방법은 무지 다양하다. 아까 얘기했던 아파트 분양사기 피해자들에게도 내가 변호사라면 무료로 법률 자원봉사를 할 수 있겠다는 생각이 들었고, 결식아동에게 주변의 뜻을 같이하는 사람들과 힘을 합쳐 월 얼마씩이라도 모아서 지속적으로 후원하면 된다. 거동이 불편하신 독거노인에게는 시간을 내어 바람을 쐬어 드리며 대화를 나누는 게 더 큰 봉사라고 생각할 수 있다.

나 자신은 분양사기도 당해보지 않았고 결식의 고통도 경험하지 못했고 독거노인의 외로움도 느껴보지 못했지만 간접적인 경험을 토대로 내가 당한 것처럼 느끼고 작은 것 하나라도 도움이 되는 일을 찾아서 할 때 비로소 성숙한 인간이 된다는 생각이다.

돈 벌어서 저만 배불리 처먹고 사는 건 미성숙한 인간이며 동물의 세계에서나 볼 수 있는 1차원적 수준의 의식이다. 우리 주변에는 자신도 어려운 환경 속에서 살면서 여러 가지 형태로 고통스러운 이웃을 도우며 살아가는 성숙한 인간이 많다. 사실 이런 사람들은 행복을 더 진하게 만끽하며 살고 있을 것이다. 이처럼 간접경험과 성숙한 삶 사이에는 본인의 의지와 실천만 넣어주면 많은 사람과 더불어 행복하게 될 수 있으리라.

과거에 대한 집착

나는 경력사원에 대한 학력을 무시한다. 다만 그동안에 사회진출 후 어느 회사, 어떤 분야에서 무슨 일을 해왔느냐를 중점적으로 따져본다. 그러나 사람들은 자기 자신의 지나버린 학력을 떨쳐버리지 못하고 열등감이나 우월감을 느끼며 살아간다.

요즘 유명회사의 CEO를 보면 학력 위주의 평가에서 탈피하여 지속적으로 자기 경력관리를 잘한 사람들이 많이 발탁되는 추세이다. 형편이 어려운 사람들 중에는 "내가 옛날에는 얼마나 부자였는데 지금 내 꼬라지가 이게 뭔가" 하면서 좌절 속에 살아가는 사람들이 많다. 과거를 너무 오랫동안 잊어버리지 못하는 병이다. 학창시절에 자기보다 공부를 못했던 친구가 출세하여 떵떵거리는 모습을 보면서 현실을 인정 못하는 사람도 다수 있다.

"지가 운이 좋아서 출세했지만 나보다는 실력이 없는 친구야!" 하면서 말이다. 부자가 된 주변의 사람을 보면서 "저 사람, 시골 촌놈이 부모님이 남겨놓으신 논밭이 개발지역으로 수용되어 돈 좀 벌었지!" 하면서 운이 따른 결과라고만 평가한다.

사실은 그 부자가 부모님이 남겨주신 그 땅을 일찌감치 팔아서 써 버렸다면 그런 기회를 잡을 수 없었을 텐데 말이다.

시집 잘 가서 잘 나가는 여고동창생을 만나면서 상대적으로 좌절감을 느끼고 "저 친구는 신랑 잘 만나서 돈은 잘 쓰고 다니지만 머릿속은 텅텅 비었어!" 하며 씁쓸하게 자위해 버린다.

세월은 모든 사람에게 공평하다. 단지 시간이란 자산을 각자가 어떻게 운용했는지에 따라 인생역전도 되고 양지가 음지로 변하기도 한다. 그런데 많은 사람들은 아주 옛날만을 기준으로 하여 그대로 비례해서 변해야 되는 줄 착각하며 살아간다. 그렇다면 출발 당시의 서열이 죽을 때까지 그대로 가야 된다는 이론인데 이건 말이 안 되는 생각이다. 따라서 과거에 집착하는 발상은 결코 도움이 되지 않는다.

과유불급(過猶不及)

어제 저녁 어느 모임에 참석했다가 본의 아니게 또 하나의 회장직을 떠맡게 되었다. 25명 규모의 클럽 창설을 위한 첫 만남이었는데 봄비가 부슬부슬 내려서 그런지 사는 게 바빠서 그런지 몰라도 몇몇 사람은 나오지 못했다. 그래서 약속시간보다 십여 분 늦게 참석 인원만으로 회의를 시작하기로 하여 사회자의 호명으로 자기소개를 하면서 미리 배부된 명단과 얼굴을 매칭하는 기회를 갖게 되었다.

그 중에는 나보다 연장자로 보이는 분이 계셨는데 주최 측에서는 총무를 추천하여 동의를 받은 후 회장에 나를 추천하였다. 나는 순간적으로 당황하면서 연장자를 초대회장으로 모시는 게 도리가 아니냐고 사양했건만 그 연장자께서 여러 가지 정황으로 정중하게 사양하는 바람에 어영부영 내가 추대되고 말았다. 그리고 그분을 고문으로 모시기로 참석자 만장일치 하에 초대 운영진 선임을 확정짓게 되었다.

나는 사회자의 회장취임 인사말 부탁에 즉흥적으로 답례하였다.

"오늘 우리의 만남은 큰 인연으로 소중한 자산입니다. 앞으로 1년간을 맡은 사람으로서 아주 Fun한 모임, 서로 보고 싶어 하는 얼굴이 되도록 열심히 하겠습니다!"

사실 어떤 모임이든 운영진의 열정과 구성원의 참여의식이 강하게 솟구칠 때 활성화 된다는 게 평소의 나의 지론이다. 그래서 어떤 조직의 장을 맡게 되면 내 성격상 시간과 정성을 투자하여 초석을 다지려고 분주하게 행동하게 된다.

그런데 집사람은 맨날 돈도 안 되는 이런 일에만 바쁜 사람이라며 나에게 불평을 토해 놓는다. 집사람의 이런 불만을 자주 들으면서 "내가 너무 지나쳤나?" 하는 반성도 가끔 하게 되지만 천성은 바꾸질 못하는 것 같다.

오늘 아침 집에서 나오는데 라디오에서 "삼성 이건희 회장의 경영일선 자진퇴임" 뉴스에 대한 논평으로 기업이 권력까지 다 가지려 하다 보니 사회적 물의가 뒤따른 것 아니냐며 "지나침은 미치지 못함과 같다"는 뜻의 과유불급을 언급했다.

골프의 퍼팅에서는 홀을 지나쳐야만 공을 홀에 넣을 수 있다고 하지만 우리가 세상을 살아가면서 과욕을 자제하면서 중용을 지킬 때 모든 것이 균형과 아름다움을 지킬 수 있다고 생각된다. 음식도 지나치게 먹는 것보다는 조금 부족하다 싶을 때 수저를 놓는 것이 절제요 건강관리에 효과적 방법이듯 말이다. 이런 사실을 알고 있으면서도 늘 욕심 때문에 많이 먹고 나서 배가 불러 곧 후회하지만….

재벌그룹의 총수가 그 직책을 수행하면서 행복한지 여부는 본인 자신만이 알 수 있다고 생각된다. 행복이란 내 자신만이 나를 진정으로 평가할 수 있다고 확신한다. 남이 볼 때 어렵게 살며 불행하다고 느끼는 사람들도 본인은 행복한 삶이라고 생각할 수 있다는 얘기다.

이건희 회장의 뉴스를 어제 오늘 접하면서 "그 양반, 이제야 마음 편안하고 행복하게 남은 여생을 보낼 수 있고, 지금보다 더 행복을 느끼며 살 수 있겠다"는 생각을 해보았다.

어제 저녁에 맡게 된 회장직도 그리고 지금 맡고 있는 회장직도 삼성그룹의 회장직과는 전혀 성격이 다르지만 정해진 임기 1년 동안 모든 구성원이 재미있고 신바람 나는 조직(모임)으로 만들고 명예롭게 후임자에게 넘기는 것이 여러 사람을 행복하게 할 수 있다는 생각이 든다.

삽화 내용 제공 : 최홍석

굴다리 시장의 과일장수 아주머니

비가 온 다음 날 일요일 아침, 여느 때와 마찬가지로 집사람과 함께 산에 오르는데 상쾌함이 온 몸에 느껴졌다. 일찍 집을 나서 약 3시간 동안의 청계산 등산을 마친 후 정겨움이 남아있는 굴다리 시장으로 들어섰다.

집사람은 단골 과일가게에서 걸음을 멈추고 아주머니에게 귤과 딸기를 한 봉다리씩 사고 나서 나에게 돈을 달라고 했다. 등산 조끼 주머니에서 지갑을 꺼내 열어보니 현금이 부족해서 10만 원짜리 수표를 건네니 아주머니는 잔돈이 없다고 다음에 달라며 외상을 주었다. 과일장수 아주머니로서는 큰돈인데도 불구하고 신용을 제공했던 것이다. 그래서 현금 가진 것 모두를 탈탈 털어 드리고 나머지는 내일이라도 갖다 주겠다는 집사람과 아주머니의 약속을 듣고 집으로 향했다.

그러다 집사람에게 내가 은행자동인출기로 들어가서 현금을 인출하여 그 아주머니께 갖다 드리고 들어갈 테니 먼저 집에 가서 아침 겸 점심식사를 준비하고 있으라고 얘기한 후 돈을 찾아 그 아주머니에게로 갔다.

과일가게에 도달해 보니 손님들이 과일을 사고 있어서 나는 잠시 기다렸다.

"아주머니, 여기 과일 값 가져왔어요!"

"아유, 괜찮은데 왜 바로 오셨어요!"

"아침부터 외상 하는 게 찜찜해서요. 이 포도는 어떻게 해요?"

포도 2Kg을 주문하니 그 아주머니는 고마움의 표시로 저울을 후하게 주시며 환히 웃는 얼굴로 고맙다고 했다.

돌아오는 길에 할머니가 파는 옥수수를 두 봉지 사서 집으로 왔다. 사실 이런 행동은 돌아가신 우리 어머니로부터 배운 의식이라서 내 평생 이런 식으로 살아왔던 것이다. 세상을 살면서 "저 사람은 정확한 사람이야!"라고 인식되어 온 것도 모두 부모님한테 받은 유산이다. 그런데 우리 집사람이 그런 신용을 제공받는 것을 보고 "평소 나의 의식과 똑같이 살아가는구나!"라고 느끼면서 부부는 일심동체라는 옛말이 틀림없다는 생각을 해 보았다.

사람이 사람을 믿는다는 것이 이처럼 신선하고 기분 좋은 것은 이 세상이 너무 각박해졌기 때문일 것이다. 우리 아이들도 이런 부모의 의식과 행동을 꼭 빼어 닮았을 것이라는 걸 믿어 의심치 않는 것은 내가 부모님의 행동을 등 뒤로 보며 배웠듯이 우리 아이들도 똑같은 의식으로 살아갈 것이라고 감히 장담해 본다.

내가 살아가는 즐거운 일요일 아침 광경이었다.

기대심리

사람은 저마다 꿈을 갖고 살아간다. 어떤 이는 꿈이 없다는 건 청춘도, 희망도, 목표도, 미래도 없는 것이라 말한다. 꿈이 현실로 이루어질 때 많은 사람은 행복을 느끼고 기뻐한다. 그래서 "꿈만 같다!"라는 탄성이 절로 나온다.

20미터가 넘는 롱퍼팅도 홀에 빨려 들어가리라고 기대는 하지 않았지만 그래도 내심 한 번에 들어가기를 머릿속으로 그리며 한순간 최선을 다해서 노력한다. 대부분의 퍼팅이 성공하지는 못하지만 어쩌다가 예술같이 들어가게 되면 모두가 환호하게 되는 것은 꿈이 이루어졌다는 기쁨 때문이다. 이때 어떤 골퍼라도 들어간다는 꿈을 갖지 않고 퍼팅에 임하는 사람은 없을 것이다. 대부분의 사람이 퍼팅에 성공할 수 있기를 기원하며 "들어갈 수도 있다"는 꿈을 갖게 되는 것이다.

자식을 키우면서 모든 부모들이 처음에는 큰 꿈을 갖고 애정과 관심 그리고 경제적 투자를 아끼지 않는다. 그 꿈이 현실로 이루어지기를 기다리면서 말이다. 그러나 학년이 올라가면서 학업성적을 보면서 자식에 대한 기대심리는 변화된다. 꿈의 크기도 꿈의 종류도 바뀌기 마련이다. 애초와는 달리 조금씩 꿈을 접고 희망분야도 현실과 타협하며 방향을 선회한다. 그러면서 "공부가 전부냐! 건강하게만 커줘도 고맙게 생각해야지…" 하며 꼬리를 내린다.

아까의 롱퍼팅도 짧은 순간에 결과가 나오게 되면 "내 실력에 버디는 무슨 버디, 파만 해도 어디냐" 하면서 스스로 만족하려고 애쓴다. 이게 우리네 삶의 현장이다. 그러나 마음속에는 여전히 꿈이 남아있다. 다음번에는 멋지게 넣어야지 하는 기대심리나 이런 미련이 없다면 꿈을 잃고 그저 흘러가는 대로 살아가는 사람이 되고 말 것이다.

꿈이 남았기에 다음 홀, 다음 라운딩을 기약하며, 계속 골프를 하게 될 것이다. 또한 이러한 기대심리 때문에 부모가 자식들에게 지속적으로 심신을 투자하는 것이다.

어제 오후에 송파 자택을 리모델링해서 화랑을 오픈한 선배님을 축하하러 갔다가 옛날 선배들을 아주 오랜만에 뵙게 되었다. 그중에는 군제 대후 첫 입사한 직장에서 인연을 맺게 된 정 선배님도 참석했다. 오랜 세월이 흐른지라 보는 순간 내가 나이 먹은 생각은 잊은 채 "아! 많이 늙으셨구나" 하는 느낌을 받았다. 그러면서 건강은 어떠시냐고 물으며 서로 간에 요즘 형편에 대해서 대화를 나누게 되었다.

나보다 십여 년 연장자인 그 선배님은 "그래, 요즘 어때?" 하시며 나의 근황을 묻기에 "5, 6년 전부터 욕심을 버리고 사니까 편합니다"라고 대답하니까 "벌써 욕심을 버리고 살어?" 하면서 의아한 눈초리로 나를 쳐다보았다. 아마도 이 말은 "그 나이에는 꿈을 갖고 살아야지" 하는 뜻이라고 느껴졌다.

사실 정 선배님은 83년도에 내가 서울로 올라오기 전까지 나에게 많은 관심과 배려를 해주셨던 분이다. 그래서 나는 늘 마음의 빚을 갖고 있었고 언제가 한번 식사라도 모셔서 그때의 고마움을 잊지 않고 있다는 내 마음을 전해야지 하는 생각이 있었으나 여태까지 실천하지 못하고 있다가 이렇게 조우하게 된 것이었다. 내 생각으로 정 선배님은 나에 대한 기대가 커서 나의 동향에 대해서 늘 관심을 가지셨던 것으로 알고 있다. 그런데 여태까지 자리 한번 마련하지 않았으니 나에 대한 실망과 인생무상을 느끼셨을 것이다. 내가 살아봐도 은혜를 입은 것은 쉽게 잊고 남한테 베푼 기억만 오래 간직하는 게 인간의 속성인 것 같다. 그래서 기대를 하며 기다려 보지만 덧없는 세월만 흐르고 실망만 남는 것이라 생각된다.

또 한분은 나의 7년 선배로서 한 부서에서 같이 근무할 때 정말 많은 도움을 주셨던 안 선배님이었다. 나는 늘 안 선배님을 잊지 않고 있었지만 그에 비례한 행동은 뒤따르지 못해서 미안한 마음을 갖고 있었다. 어제 행사장에서도 키가 큰 임 선배님과 함께 화랑을 오픈하신 윤 선배님을 직접 돕고 있는 모습을 보니 언제 어디서나 무슨 일이라도 책임감을 갖고 일하는 분들이라 주위에서 지금까지 변함없이 신뢰를 받는 것은 여전하였다.

나는 선배님들이 이렇게 의리와 정으로 오랫동안 함께하는 모습을 보며 "참 멋있게 늙어 가고 계시구나" 하는 새삼 존경스런 마음이 들었다. 조만간에 이분들을 한자리에 모시고 그동안 기대를 저버렸던 나의 잘못을 만회하는 기회를 꼭 마련해야겠다는 결심을 해본다.

우리는 살면서 아주 어려울 때 도움을 받았던 사실을 쉽게 망각하는 습성이 있다. 그러나 상대방이 크게 곤란한 지경에 처했을 때 도왔던 것에 대해서는 오랫동안 기억하면서 언젠가 나에게도 베풀 것이란 기대를 하며 살아간다. 이 기대가 비약하면서 토사구팽을 생각하시며 절망했던 건 아닌지 걱정스럽다.

꿈은 반드시 이루어진다는 말은 청소년들에게 늘 야망을 갖고 노력하라고 격려하는 수준에 끝나지 않는다. 우리 국민 모두가 꿈을 가지고 열망했던 2002년 월드컵 축구경기에서 우리 선수들은 기적같이 32강, 16강, 8강, 4강에 계속 오르면서 국민 모두에게 "우리의 꿈은 이루어졌다!"고 깨우쳐 주었지 않았는가.

나는 요즘도 내 자식들에게 매사에 목표를 갖고 임하라고 강조한다. 나의 이런 최면은 자식에 대한 기대를 갖고 있기에 하나씩 이루어지고 있다고 믿는다. 그들이 계속 꿈을 품고 있는 한 나의 최면은 그 효력을 더욱 발휘할 것이라는 신념 때문이리라. 조직사회에서도 "나는 너를 믿는다"는 기대감을 부하 직원에게 고취시켜 줄 때 그들은 반드시 발전한다는 걸 경험했기 때문이다.

아마도 자식들은 부모님의 기대를 의식하며 더 열심히 할 것이고(부담스럽기도 하겠지만) 부하직원도 상사의 기대에 부응하기 위해 업무에 집중하다 보면 자기도 모르게 실력이 향상되고 언젠가는 그 분야에서 조직 내의 전문가로서 자리하게 된다. 그래서 나는 늘 상대방이 내 자식이든 부하직원이든 친구든 선배든 후배든 "나는 기대한다"고 눈과 입으로 신뢰를 전하고 있는 것이다.

부모가 자식에게 기대를 포기하는 언행을 하게 되면 그네들은 꿈도 목표도 없이 방황하게 될지도 모른다. 또한 부하 직원에게 "너는 능력이 없어!"라고 야단만 치게 되면 그 직원은 다른 부서나 다른 직장을 찾을 때까지 고민과 방황 속에서 피곤한 직장생활을 하게 될 것이 뻔하다. 그래서 자식이나 직원에게나 친구에게도 "너는 할 수 있어!"라고 내가 기대하고 있다는 걸 암시해 줄 때 꿈을 잃지 않고 기대를 저버리지 않으려고 노력하는 자세로 임할 것이다.

기대란 나 자신에게는 물론 상대방에게도, 그 상대방이 부부지간이든 선후배든 누구를 막론하고 필요한 것이며 반드시 보여줘야 될 덕목이라고 생각한다. 더 좋은 방법은 상대방에 대한 기대를 높이는 것보다 내가 상대방의 기대에 어긋나지 않도록 처신하는 것이며, 상대방이 나한테 많은 기대를 하지 않도록 매번 행동을 조심하는 게 오십대 중반의 나이에 걸맞은 지혜로운 삶이라고 요즘 깨닫고 있다.

기분 좋은?

10월 말이다. 모처럼 가을비가 내린다. 창 밖을 내다보니 가까운 산이 뿌옇게 보이고 어둡다. 지난번에 청계산에 갔을 때 바닥에 흙먼지가 많이 쌓여 발을 옮길 적마다 등산화와 바지에 흙이 뽀얗게 들러붙었다. 가을 가뭄 때문이었다. 내일도 청계산에 가는데 오늘 내린 비가 우리를 산뜻하게 맞이할 것이기에 괜스레 기분이 좋아진다.

청계산에는 과천 매봉(응봉)을 지나서 헬기장 가기 전에 조그마한 바위가 있다. 등산개시 1시간 조금 지나면 만날 수 있는 곳이다. 그 바위는 "측우암"이라고 칠팔년 전에 내가 명명했다. 왜냐하면 머리 부분이 한라산의 백록담처럼 움푹 패여 있어 비나 눈이 오면 그곳에 물이 담겨 있어서 그동안 가뭄이었는지 아니었는지 육안으로 식별이 가능하기에 늘 이곳을 지나칠 때마다 확인하는 습관이 생겼다.

내일 오전 11시 좀 넘어서 가보면 오늘의 비가 얼마나 왔는지 알 수 있을 것이다. 내일 측우암과의 만남이 벌써부터 머릿속에 그려진다. 백록담은 "흰 사슴이 나타나는 못"이지만 측우암은 "이기수가 관찰하는 바위"이다. 백록담은 최고 수심이 150미터라지만 측우암은 10센티미터도 채 안 된다. 백록담은 평생 동안 몇 번 못 가지만 측우암은 1년에도 수십 번 갈 수 있는 곳이다.

요즘 미국발 금융위기로 나라 전체가 시끄럽다. 주식을 하는 친구는 못 살겠다고 아우성이고 추석 이후 지금까지 한 건도 못 올린 부동산 중개업소를 하는 후배는 다른 사람에게 가게를 넘겼다. 나는 주식에 투자할 여유가 없어 일희일비할 일이 없다. 하루하루의 주식상황에 의한 노예가 되고 싶지 않아 투자하지 않는다. 주식을 해서 벌면 기분이 좋겠지만 잃으면 김이 샌다는 걸 알기에 옆에도 안 가는 것이다.

사람들은 비가 오면 생각과 행동에 제한을 받는다고 말하지만 나는 그렇게 생각하지 않는다. 오늘 같은 비는 내일 등산에도 도움이 되고 만일 저녁까지 계속해서 온다면 빈대떡에 막걸리 먹을 사람을 생각하게 되고 찾게 될 것이다. 그래서 보고 싶은 사람을 만나게 되면 또 기분 좋은 일이 생긴다.

비온 뒤에 땅이 굳어진다는 말처럼 요즘 어려움을 겪는 사람들도 세월이 약이라고 생각하고 조금만 참으면 일이 잘 풀리리라 본다.

어제 오후에 나를 찾아와서 회사 운영자금을 조달할 방법 좀 가르쳐 달라고 했던 김 사장도 요번 고비만 잘 넘기면 좋은 일이 생길 거라고 믿고 싶다. 비가 오면 싫다고 생각 말고 역으로 기쁜 일을 떠올려 보면 좋다. 하기 싫은 일도 어쩔 수 없이 자꾸 하다 보면 자기도 모르게 전문가가 되고 새로운 흥미를 찾을 수 있다.

비가 올 때도, 불황일 때도, 기분 나쁜 일이 생겼을 때도 "좋은 방법이 뭐지? 좋은 일이 있겠지!"라고 생각하는 습관이 생기면 모든 게 긍정적으로 바뀐다.

언제부턴가 아침에 일어나 화장실 거울을 보며 씩 웃는 습관, 그리고 자동차를 타고 가면서 무지무지 큰 목소리로 "나는 행복하다!"라고 외치는 습관, 또한 일상적으로 만나는 상대방에게서 장점만 찾으려고 의도적으로 노력하는 습관 등등 긍정적 습관을 더 많이 갖고자 하고 있다.

비가 오면 어때?

깜박이 문화

언젠가 우리나라 대통령 중 "예측 가능한 정치 좀 합시다"라고 주장했던 분이 있다.

11월의 토요일, 김 선배님과 등산하기로 약속한 날 나는 약속한 시간보다 조금 일찍 집에서 나와 아주 작은 삼거리를 건너가려다가 백화점 입구라서 자동차가 많이 다니기에 좌우를 살피고 있었다. 그런데 내 쪽으로 오는 차량들이 우측 깜박이를 켜고 들어와야 하는데 모두들 예고 없이 진입하기 때문에 한참을 머뭇거리다 길을 건널 수 있었다.

외국 여행을 다니면서 그네들의 깜박이 문화와 길을 건너는 사람들을 기다려 주며 먼저 건너가라고 손짓과 웃음을 보내는 모습을 보면서 아주 사소한 일이지만 선진국 문화의 한 면을 경험할 수 있었고 나 자신도 웃음으로 고맙다고 목례한 적이 있다. 서로가 기분 좋은 장면이었다.

나는 기업에서도 돌출적으로 업무를 보고하려는 직원들과 별안간 의사결정을 내리는 최고 경영자들에게 조직원들이 예측 가능한 행동을 하자고 늘 제안하곤 한다. 보고를 받는 상사나 지침을 하달 받는 참모 입장에서는 이놈의 럭비공이 어디로 튈까 늘 불안하기 때문이다.

친구들과의 어떤 약속도 미리미리 정해서 움직이면 좋으련만 늘 예고 없이 약속을 요구하는 사람들이 있다. 즉 자기는 시간이 가능하다는 얘기이지만 상대방은 여러 스케줄 속에서 살아가기 때문에 그 시간을 맞추기 어려워질 경우가 많다. 물론 즉흥적인 술 약속은 어떨 때는 짜릿한 맛도 있다.

부부지간에도 마찬가지라고 생각한다. 노후 생활에 대한 나의 계획을 배우자에게 사전에 예고해 주는 것이 서로 인식을 같이하고 행동할 수 있기에 장점이 많다.

우리 주변에는 깜박이를 안 켜고 사는 사람들이 많다. 남에게는 사전에 알려주지 않고 자기만 불쑥 나서는 경우가 많다는 얘기다. 자동차의 깜박이는 남을 위한 배려이자 자기 자신을 방어하는 수단이다.

조직의 리더가 깜박이를 켜는 것은 "나는 이 방향으로 간다. 나를 따르라"라는 뜻이 된다. 그런데 여러 대의 자동차가 함께 가는데 앞장 선 차량이 깜박이도 없이 별안간 좌로 가고 또 우로 가고 한다면 뒤따르는 차량 운전자들은 어떤 생각을 하게 될까?

십중팔구의 대다수 사람들은 "저 사람, 왜 저렇게 독단적이고 무계획해!"라고 할 것이다. 그러나 반대로 리더가 미리미리 깜박이로 예고해 준다면 그 리더를 신뢰하고 여유 있는 지도자로 평가할 것이다.

엉성한 모임이나 잘 안 되는 조직의 경우에는 그 속을 보게 되면 대부분 깜박이 문화가 정착되어 있지 못함을 알 수 있다. 이처럼 깜박이는 중요한 기능을 하는 것이다. 예를 들어 약속 시간에 늦게 될 경우에도 미리 깜박이(= 사전 통보)를 켜면 다른 사람에게 피해를 줄여줄 수 있는 것이다.

우리 모두 깜박이를 켜고 삽시다!

꼭짓점

인생은 포물선이다. 올라갈 때가 있으면 내려갈 때가 있게 마련이다. 일찍 꼭짓점에 올라갔다가 내려가는 시간이 긴 사람도 많이 보았고 대기만성형으로 뒤늦게 포물선의 정점인 꼭짓점에 올랐다가 내려가는 시간을 짧게 한 사람도 보았다. 그런데 나는 꼭짓점에 올랐는지 아닌지 아직도 잘 모르겠다. 여태까지 50년 넘게 살아왔지만 이미 나도 모르게 인생의 정점에 도달한 후 내려가고 있는 중인지 아니면 조그만 봉우리만 지나쳤지 진짜 정상은 아직도 도달해 보지 못했는지 알 수가 없다. 내 주변 사람들에 대한 판단은 눈에 보이는데 나 자신이 꼭짓점에 올랐는지에 대한 여부는 판단하지 못하는 것이 아마도 내 마음속에 젊음이 남아있어서 도전할 목표가 지워지지 않았기 때문인지도 모르겠다.

세부적으로 들어가 보면 바둑의 경우에도 중학교 3학년 겨울

방학 내내 식사도 거른 채 “바둑의 정석”과 “행마와 급소”라는 책 두 권을 바둑판 옆에 놓고 밤새도록 씨름하던 때가 바둑 수업의 절정이었다. 고등학교 때 수업 끝나고 만리동 2층에 나무 계단으로 올라갔던 기원에서 실전 경험을 쌓던 시절이 급수로서는 최정상을 향해 가고 있었던 것 같다. 즉, 지난 다음에 보니 나의 바둑의 꼭짓점은 그때였다는 것을 알 수 있었다는 얘기다. 체력도 한참 젊었을 때와 나이 오십이 넘은 지금을 비교해 보면 꼭짓점을 알 수 있다.

그러나 내 인생의 꼭짓점은 사회생활과 가족상황 그리고 건강상태, 마지막으로 나의 정신적 성숙단계 등등을 종합적으로 판단해야 하기에 평가를 못 내리고 있는 것 같다. 그 이야기는 아직도 “난 꼭짓점에 도달하지 않았어. 지금도 가는 중이야!”라는 생각을 갖고 있다는 것이다.

이번에 뉴욕에서 친구 네 명이 모이면 인생의 꼭짓점에 대해서 많은 얘기를 나누어 봐야겠다. 대화 도중에 나는 그들의 생각을 배울 수 있으리라 기대해 본다. 꼭짓점에 빨리 올라간 사람은 너무나 긴 세월을 내려가기 때문에 힘들어 하는 모습을 많이 보아왔다. 나는 늦게 올라가서 짧은 기간만 내려가고 싶고, 그 내려가는 시간에는 지나간 세월을 뒤돌아보며 웃음과 건강 그리고 재미있는 일로 가득 채우며 살고 싶다.

"나도 이젠 웃을 수 있어요"

2006년 6월, 월드컵 열기가 온 지구를 뜨겁게 달구고 있을 때 2년간 길고도 깊은 슬럼프에 빠졌던 우리의 골프여왕 박세리가 LPGA 메이저 대회인 맥도날드 챔피언십에서 연장전 끝에 우승할 때의 이야기가 있다.

캐리 웹과 피 말리는 연장승부에서 박세리는 말했다.

"라운드 내내 경기를 즐겼다. 나는 경기 도중 캐디에게 말했다. 우승을 하든 못하든 난 지금의 위치에 행복하다. 경기 도중 어떤 압박감을 느끼진 않는다. 대회에서도 매우 편안함을 느낀다."

슬럼프 기간 중에 박세리는 "왜 아빠는 나한테 노는 법을 안 가르쳐 줬느냐"고 눈물을 흘리며 따지기도 했단다.

사람이 꼭대기에 올랐다가 내려올 때가 가장 힘들다. 소위 소프트랜딩하기가 어렵다는 얘기다. 언제나 끝없이 성장하고 발전하며 경쟁에서 승리할 줄 알지만 언젠가는 하산해야 되는 것이 인생인데 앞만 보고 달리다 보면 발아래를 보지 못하고, 아니 생각지 않고 앞으로 앞으로만 전진하는 것이다.

정치를 하는 사람도 권력의 끝이 있는 것이요 기업을 하는 사람도 정체 내지는 쇠퇴기를 맞이하게 되는 것이며 건강한 사람도 몸이 편치 않을 때가 오는 법이다.

박세리의 이번 부활 소식을 접하면서 나이 들어가며 바뀐 골프게임에 대한 나의 인식을 다시 한 번 생각해 본다. 아니 나의 삶에 대한 인식 자세를 돌이켜 본다.

젊었을 때 스코어에 연연하며 매 홀마다 매 샷마다 나 자신에게 신경질을 부렸던 모습에서 몇 년 전부터는 초등학교 시절 소풍가는 마음으로 같이 라운딩하는 사람들과 웃고 즐기며 좋은 샷이 나올 때마다 자축하고 축하해 준다. 다음 홀로 옮길 때는 진한 농담을 주고받으며 스코어를 초월한 그야말로 즐기는 데만 주력하는 모습으로 변했다. 그러다 보니 같이 간 사람들도 덩달아 소풍 온 기분으로 수십 번씩 웃으며 마음껏 스트레스도 풀고 해서 몇 년은 젊어진 것 같고, 아쉬움 속에 다음 소풍을 기약하곤 한다.

같은 골프게임을 하면서도 이렇게 다른 모습으로 대하게 되니 행과 불행의 차이, 만족과 불만의 차이, 즐거움과 괴로움의 차이는 나 자신의 마음에 달려있다는 것을 알게 되었다.

주말 등산은 빠지지 않고 다니려고 안간힘을 다하는 내 입장에서 산을 오르내리며 순간순간 많은 생각에 잠기게 된다. 그때마다 느끼는 것이 있다.

"이 산의 소유자가 행복할까. 아니면 자주 이용하는 나 같은 등산객이 행복할까?"

항상 나의 답은 후자이다. 그러나 일상으로 들어가 보면 대부분의 사람들은 전자를 위해 별짓을 다하고 산다.

박세리 얘기를 하다가 나의 골프얘기가 나오고 급기야는 인생과 행복 얘기로 번져 나아가는 것이 우리네 삶인 모양이다.

오늘 저녁 토고와의 축구대전에서도 나를 행복하게 만들어 주는 박세리 같은 승리 얘기가 만들어졌으면 좋겠다. 그러면 전 국민이 며칠간은 모두 행복할 테니까.

아마 자식들이 성장 발전하는 모습을 보면서 당사자보다 부모가 더 행복해 하는 것이 이런 상황과 똑같은 것 같다.

나는 내가 좋아하는 것이 있다는 것이 좋다

바둑, 친구, 선배, 후배, 모임, 등산, 골프, 술, 대화…. 왠지 퇴근 후에 누군가를 만나서 적적함을 달래고 싶을 때가 있다. 이때 이심전심으로 텔레파시가 통했는지 걸려오는 전화가 있으며 얼마나 기분 좋은지, 이 전화가 누구한테 걸려왔든 난 상관하지 않고 무조건 O.K이다.

저녁시간에 반가운 사람을 만나서 술잔을 함께 기울인다는 건 즐거운 일과 중에서도 아주 기분 좋은 자리가 된다. 어떤 대화를 나누고 어떤 형태의 술좌석을 하든 그건 문제가 될 수 없다. 내가 좋아하는 분위기를 가졌다는 것 자체가 소중하다.

매월 첫 번째 토요일 아침 10시부터 산에 오르는 모임인 "처음처럼"도 언제나 기다려지는 보고 싶은 얼굴들의 만남이다. 한 시간여 산에 오른 후 나누는 막걸리는 숨을 헐떡거리며 올라온 보람을 느끼게 하는 매개체이다.

한 잔에 이천 원씩 주고 사먹는 산상(山上)의 막걸리는 갈증 해소는 물론 대화의 목마름까지 맛있게 해결해 준다. 일인당 두세 잔씩 마시고 나서 하산하여 먹는 점심을 겸한 술좌석은 다음 만남을 약속하며 오늘의 모임을 끝내는 것이 아쉽다는 증거이기도 하다. 각자 다른 환경에서 일하는 사람들이 나누는 대화는 서로 맛보지 못한 여러 가지 필수 비타민을 제공하기에 내가 이 모임을 좋아하고 이날이 기다려지는 것이리라.

주말과 공휴일에 모이는 바둑모임인 "기쁨조" 또한 생활의 활력소이기에 충분하다. 각양각색의 회원들이 살아가는 모습과 연령도 다 다르지만 바둑이란 게임을 매개체로 뭉치는 것이 나를 기다리게 만든다. 지고 이기는 것은 모인다는 그 자체보다 더 중요할 수는 없다. 상대방의 터무니없는 실수에 박장대소하면 이 기원에 있는 다른 손님들도 모두 우리를 부러워한다. 어떨 때는 세 명, 어떨 때는 다섯 명 모두가 모이면서 새로운 분위기를 연출하며 만끽할 수 있다. 또한 리그전으로 게임을 치르기에 서로 잡히고 잡고 하면서 승률과 순위가 매겨지기 때문에 심각할 때는 바둑에 몰두하기도 하고 상대방의 큰 실수에 웃음을 터뜨리면서 그 횟수만큼 정신적 신체적으로 건강해진다는 것을 느낄 수밖에 없다.

O.B 골프모임도 내가 좋아하는 선후배들과 얼굴을 같이할

수 있어 기다려진다. 한 팀이 되어 라운딩할 때 우리 멤버가 멋진 샷을 그려내면 그림 같은 초원의 한가운데서 "굿샷!" 하며 나와 상대방 모두에게 즐겁도록 계곡이 떠나갈 정도로 소리친다. 그러면서 자식 얘기, 사업 얘기, 건강문제, 부동산 투자 등 모든 테마가 소재가 되어 여섯 시간 이상을 마치 초등학생이 소풍 온 것처럼 나이에 무관하게 즐겁게 놀다 간다.

가족 구성원 모두 함께 여행을 떠나는 기분도 정말 좋다. 아이들이 각자 독립하여 가정을 꾸미기 전까지 가급적이면 함께 여행하는 기회를 많이 갖고 싶은 것도 내가 좋아하는 것이다. 왜냐하면 가족과 여행 모두를 사랑하기 때문이다.

그러나 이 모든 형태의 만남에서 같이 산에 오르면서도 유난히 힘들어 하는 사람도 있고, 요즘 체력이 많이 떨어져 술이 많이 줄었다는 친구, 바둑 한 게임 한 게임을 이기는 데 몰두하는 회원, 골프 스코어 한 점이라도 줄여보려고 안간힘을 다하는 선배, 내일 새벽에 일이 있어 술좌석에서도 건네는 잔을 사양하는 사람 등등 내 눈에는 각양각색의 모습으로 비쳐진다.

좌우지간 그래도 가장 중요한 건 "나는 내가 좋아하는 것이 있다는 것이 좋다"라는 사실이다. 만사가 귀찮아지고 옛날에 좋아하던 것도 나이 들면서 싫어지는 게 많은 사람들의 실태라면 내가 좋아하는 것이 많다는 건 아직도 젊고 진취적이며 세상을 움츠리지 않고 기피하지 않으며 폭 넓게 살아가려고 노력한다고 평가해도 무리는 아닌 것 같다.

이 모든 게 나와 직간접적으로 인연을 맺은 사람을 사랑하기 때문이다.

여러분! 많이 좋아합시다. 그래서 기분 좋게 삽시다.

난징회

18층 숙소에서 내려다보는 토요일 아침의 하얀 축복은 평소와는 아주 색다른 느낌을 주었다. 이곳은 인천에서 서쪽으로 2시간 넘게 비행기를 타고 우리가 남경대학살이라고 알고 있는 역사적 비극이 일어났던 중국의 남경(난징)으로 일본군이 30만 명의 중국인을 무자비하게 죽였던 지역이다.

금요일 오후에 이곳의 공항에 도착했을 때 마중 나온 사람은 남경대학에서 석사과정까지 공부하고 삼십대 중반을 넘기며 현재는 유학원 사업을 하고 있다는 남경이장이었다. 한국에서 대학을 졸업한 후 남다르게 용기를 내어 남경까지 건너와 여기 사람이 된 그를 R교수는 남경이장이라고 우리에게 소개했다.

우리나라보다 시차가 1시간 늦은 이곳에서 저녁식사를 위하여 숙소에서 식당으로 이동하는데 가느다란 눈발이 날리기 시작했다. 이국땅에서 처음 맞이하는 눈이라 나에게는 흥분도 되고 추억의 소재가 되기에 충분하였다.

남경이장이 미리 예약한 식당에서 K사장을 이장이라고 부르게 된 내력을 들어본즉, 10년 가까이 이곳에 있다 보니 현지전문가로 성장한 한국 사람으로서 가장 많은 정보를 갖고 있기 때문에 동네 이장이라는 뜻으로 "남경이장"으로 명명하게 된 모양이었다.

외지인들에게 현지 음식의 거부감을 줄이기 위해 퓨전식으로 개화된 중국음식을 우리 일행 5명은 맛나게 먹고 피곤하다는 핑계를 들어 합동으로 발마사지를 받은 후 숙소에 돌아왔다. 남경이장은 내일 또 우리를 도와야 하므로 먼저 집에 가라고 하고 우리 네 명은 맥주 한 잔씩을 더 마신 후 각자의 방으로 들어가 취침을 했던 것이다. 이렇게 시작한 금요일 밤의 눈이 계속 쌓여 토요일 아침에 하얀 축복을 만들어 낸 것이었다.

그런데 이 축복이 토요일과 일요일 이틀 내내 퍼부어 급기야는 인천으로 가는 일요일 오후 비행기를 천재지변으로 결항케 만들어 버렸다. 동행했던 J박사와 C교수 모두 월요일 업무 일정이 잡혀있던 터라 우리 일행은 남경이장의 신속 정확한 판단에 따라 상해(상하이)로 가는 열차표를 어렵게 구하고 나서는 한국식당을 찾아 늦은 점심으로 시간을 죽이다가 남경역에 도착해보니 벌떼처럼 몰려 있는 사람들 때문에 놀라움을 금치 못했다. 6.25전쟁 때의 인해전술이라는 단어가 이해가 되는 광경이었다. 군중 속을 헤치며 우리는 일행을 놓칠세라 연신 앞뒤 사람을 확인하면서 겨우 열차에 몸을 실었다.

남경역에서 상해역까지 가는 동안 차창 밖에는 계속 눈이 내렸는데 내 옆 좌석에 자리한 R교수는 닥터지바고의 주인공이 된 기분이라며 이 광경을 놓치기 아까워 집에 계신 마나님에게 전화까지 걸었다. 나는 이 순간 우리 부부가 '82년도에 제주도로 신혼여행 갔을 때 우천으로 계속 결항되어 이틀이나 늦게 서울로 귀가했던 평생 잊을 수 없었던 추억이 떠올랐다.

이번 폭설사태로 본의 아니게 하루 늦게 귀국하게 된 우리 일행은 영원히 잊을 수 없는 추억을 남기면서 "난징회"라고 명명한 우리들만의 모임을 결성했고 앞으로도 만날 때마다 그 추억을 맛나게 곱씹을 것이라며 모두가 즐거워했다.

나중에 신문과 TV를 보고 나서 그 눈이 50년 만의 폭설이었다는 걸 알게 되어 그 추억이 더욱 각인되었다. 우리 모두에게 즐거운 여행이었고 좋은 만남이었다.

어른들의 소풍이었으니까….

내비게이션

요즘 어느 자동차에나 내비게이션을 장착하고 다니는 것이 보편화되어 있다. 평소에 모르는 약속장소를 갈 때는 옛날처럼 아는 사람에게 찾아가는 방법을 물어보고 가는 게 아니라 이 내비게이션을 통해 길을 찾게 된다. 그런데 가끔은 이 길 찾는 도우미가 탈이 나서 작동이 제대로 안 되는 경우가 발생한다. 몇 번 가본 길이지만 이게 고장이 나면 왠지 불안하고 자신이 없어진다. 그야말로 문명의 이기를 추구하며 살다가 그 도구가 망가지면 독립적인 임무수행에 큰 차질을 빚게 되어 버리는 것이다.

친구가 핸드폰을 분실하고 나서 나한테 한 얘기가 생각난다. "너처럼 구식으로 전화번호를 메모하여 갖고 다니면 이런 일이 있어도 당황하지 않을 텐데" 하면서 신과 구를 병행하는 나의 옛날 방식에 대해 그 의미를 알겠다며 며칠 동안 고생했다고 한다. 우리가 학교 다닐 적에는 주판이나 암산이 생활패턴이어서 웬만한 계산은 머릿속에서 그려냈으나 요즘 아이들은 전자계산기에 익숙해져서 간단한 돈 계산도 암산으로 해결하는 데 어려움이 많은 게 현실이다.

이처럼 문명이 발달하면서 사람들은 점점 이용기기에 종속되어 가고 있는 것 같다. 물론 내비게이션은 편리하고 전자계산기는 빠르고 정확하며 핸드폰은 이제 없어서는 안 될 생활필수품이 되어 버렸지만 이런 변화과정에서 우리는 자꾸 감정이 메말라 가고 있다. 모르는 길을 찾아가면서 이 사람 저 사람에게 물어 볼 때 처음 보는 많은 사람을 접촉하게 되어 세상을 배우게 된다. 고마운 사람이나 사랑하는 이에게 편지를 쓰려고 우리말 사전도 뒤져보고 시집이나 소설책에서 스크랩해 놓은 좋은 글귀도 인용하려고 애쓰는 과정에서 더욱 더 끈끈한 마음과 잊지 못할 추억을 만들었던 것 아닌가!

시대가 급변하다 보니 옛날 방식으로 살아가는 사람을 현실에 동떨어지거나 희귀한 성격의 소유자로 보며 세대 간에 느끼는 감정이 너무나도 다르고, 아이들은 부모님의 어릴 적 얘기를 들으며 이해도 못하고 의아해하는 세상이 되어 버렸다. 편리함과 신속함만 추구하다 보니 사람이고 물건이고 옛것은 다 멀리하게 되어 골동품처럼 취급받지만 친구라는 단어가 의미하듯이 오래된 것이 더 소중할 수 있는 것이다.

누가 시키는 일이라면 하겠나?

구정 날 오후 산에 오르니 한적하다. 대부분의 귀성객이 고속도로에서 시간을 보내고 있을 테니까. 어제도 선배들과 함께 산에 올랐다가 헬기장에서 막걸리 한 사발씩 하고 청계사 뒤로 내려와 가끔 가는 보리밥 집까지 차도를 따라 걸어서 갔다. 물론 식사 전에 막걸리 한잔은 잊지 않았다. 셋이서 이런저런 얘기하며 약 3시간에 걸친 등산은 아주 편안하고 유익했다. 강성노조와 언제나 미진한 사용자 측을 싸잡아 욕을 하며 그 회사와 그 그룹사 상품은 구매도 하지 말아야 한다는 얘기부터 장가보낸 아들에게 십일조 개념을 도입해야 하는 사유나 방법론 그리고 시간의 제한 좀 안 받고 전국일주 여행하기 등등 미래 대비 계획까지 쏟아놓다 보면 금방 시간이 지나간다.

어제와 달리 오늘은 혼자 조그마한 산을 오르면서 “누가 시켜서 이 산을 올라갔다 오라면 하겠는가?" 하는 생각을 해본다. 내 스스로 산을 찾아 내 방식대로 산에 오르고 또 가다가 햇볕이 비치는 널찍한 바위 위에 앉아 땀을 식히며 등산복 조끼 주머니에 들어있는 조그만 수첩을 꺼내 이렇게 스케치도 해보는 게 얼마나 행복한가?

등산도 몇 번 빼먹고 나면 숨이 차서 힘들고 헬스장도 며칠 빠지면 배도 나오고 운동하기 싫어지며, 외국어도 계속 사용하지 않으면 점점 잊어버려 힘들어지고 행정사무도 일선에서 손을 놓으면 더뎌지기 마련이다. 사람은 "이렇게 해야 되는데…" 하고 생각할 때 바로 행동하면 최소한 나빠지지는 않는데 이를 실천하지 못하면 퇴보하기 마련이다.

오늘 아침 큰집에 가기 전에도 새해 인사 전화를 받았지만 산에 오르다가도 전화를 받으니 그 후배들의 얼굴을 다시 한번 그려보게 된다. 이제는 내 나이가 주로 인사를 받는 입장이 되다 보니 그래도 잊지 않고 나를 기억해서 전화해 주는 그 모습이 너무 정겹게 느껴진다.

지나간 과거는 돌아올 수 없는 것이니 지금부터라도 사람 구실 제대로 하고 살아야겠다. 늦었다고 생각할 때 시작하라는 말도 있지 않는가.

내 주변에서 외롭게 명절을 보내야만 하는 경우를 많이 보게 된다. 나는 사실 이런 사람들을 챙겨야 하지 않을까 하는 생각이 강하게 든다. 더군다나 나에게 어떤 형태로든 연락이 오면 반드시 고맙게 맞이하는 건 물론이요 문자메시지를 받으면 꼭 답신까지 해야 상대방의 성의에 최소한의 예의를 갖추는 것이리라. 그러나 그렇지 못하는 아니 그렇게 하지 않는 사람들이 꽤나 많은 게 현실이다.

명절 때 시간을 내어 친척들을 뵈러 다니는 것도 일종의 최소한의 성의 표시가 아닐까 한다. 이런 행동까지 바쁘다거나 귀찮다거나 하는 핑계로 생략해 버린다면 점점 고립된 사회생활로 바뀌게 될 것이다. 밥 먹는 것도 귀찮다고 생략하게 되면 위 기능부터 체력까지 점점 약화되듯이 말이다. 그래서 민족마다 명절이 있어서 오랫동안 보지 못했던 가까운 사람들을 볼 수 있게 하는지도 모르겠다.

한참 동안 바위에 앉아 이 글을 쓰다 보니 땀이 다 마르고 식어 산바람이 조금 차게 느껴지지만 그래도 음력 1월 1일의 날씨는 전혀 아니고 그저 어느 봄날의 햇볕이다. 쉬는 날 산이라도 다녀오면 그래도 가장 보람을 느끼게 되는 것은 운동도 하고 생각도 할 수 있기 때문이 아닐까 싶다.

나는 산에서 내려와 내 친구 명수와 인철과 함께 그 넓은 하우스 맥주집을 마치 통째로 빌린 듯 한잔 하면서 이 글을 낭독하였다.

덜 채우는 미(美)

제한속도 80Km인 도로에서 굳이 80Km까지 최대로 속력을 다 내서 주행할 필요는 없다. 70Km 정도의 속도로 3차선쯤으로 달리면 안전하고 마음의 여유도 생긴다. 출근시간이 오전 9시라면 꼭 여기에 맞춰서 정확하게 역산을 하여 집을 나설 필요는 없는 것이다. 평소보다 그날 아침 좀 일찍 일어났으면 그저 편안한 마음으로 그대로 조기 출근하여 새벽같이 나와서 사무실 청소를 하고 있는 오십대 후반 아주머니의 열심히 살아가는 모습도 보면서 오늘 할 일도 미리 점검하며 여유작작 모닝커피 한잔을 마시는 것이다.

냉장고에도 빈공간이 없을 정도로 꽉 채워봤자 냉동효과만 떨어지고 오래 보관했던 음식만 먹게 된다. 내가 살고 있는 집에도 그림이나 가구가 많을수록 편안하게 쉴 공간만 좁아진다. 식당에 가서도 의무적으로 밥 한 공기를 다 먹을 필요는 없다.

조금 덜 먹으면 먹을수록 비만도 예방되고 속도 훨씬 편하다. 저녁 7시에 있는 술 약속도 시간 나는 대로 미리 나가서 평소에 보지 못했던 음식점 주변도 둘러보면서 산책하면 헐레벌떡 약속시간에 맞춰 뛰어오는 친구를 여유 있고 편안한 마음으로 맞이할 수 있다.

재산세도 납부기일까지 기다렸다가 꼭 그날 낼 필요는 없다. 은행에 있는 친구가 보고 싶다고 생각이 들 때 며칠 미리 가서 납부하면 깜빡해서 연체료 무는 일도 없고 마음도 편안하다.

이렇듯 꼭 다 찾아 먹으려고 안달거리며 살 필요는 없다. 이해타산보다는 느긋함과 여유로움을 갖는 것이 더 행복하고 실수도 배제할 수 있다. 즉, 일상 속에서 삶의 질을 높이는 아주 좋은 습관이 된다.

남보다 빨리 도착하면 손해 본다고 생각하는 사람은 늘 아등바등 약속시간에 쫓기는 모습만 보이게 된다. 자기 자신에게도 별로 이득이 안 되지만 항상 피곤하고 여유가 없어 보인다. 남보다 하나라도 더 많이 가지려고 하는 사람은 계산적 인간으로 보이며 늘 그놈의 욕심 때문에 남우세스럽다. 그런 사람은 자기는 아까워서 쓰지도 못하고 인심만 잃고 결국은 남 좋은 일만 시키고 만다.

같은 행동을 스물한 번 반복하면 습관이 된다고 한다. 이런 습관은 그 사람의 브랜드가 되어 모든 사람으로부터 말없이 평가받게 된다. 장사를 하더라도 뒷사람이 이문이 남아서 먹고살 수 있도록 해줘야 다시 나를 찾아오는 법이다. 금전적으로 관련이 되든 안 되든 나 자신도 편하고 상대방도 좋아하는 좀 여유 있는 행동이 삶의 질을 결정짓는다.

목에 꽉 차게 욕심 부리는 모습보다는 늘 편안하게 생각하며 느긋하게 행동하는 모습이 진정으로 아름답게 사는 것이다.

나는 뉴질랜드에서 한 학년을 마치고 귀국할 아들과 비행기를 갈아타는 방법에 대해 통화하면서 "시간의 지배를 받지 말고, 네가 시간을 지배해라"라고 여유를 갖도록 강조한 적이 있다.

대리운전

문상을 갔다가 늦은 밤에 술을 한잔 했으니 운전을 할 수가 없어 대리운전기사를 불렀다. 도심 유흥지역이 아니라서 이삼십 분 기다리란다. 영안실 앞에서 대리운전기사를 호출해 준 상주와 이런저런 얘기를 나누면서 어느 정도 시간이 흐른 것 같아 다시 한 번 전화해 보라고 재촉하는 사이에 조금만 기다려 달라는 대리운전기사의 문자메시지가 날아왔다. 곧이어 어디에서 기다리는지 알려달라는 전화가 와서 우리 둘은 장례식장 앞 벤치에서 일어나 손을 흔들었다. 여자 대리운전기사였다.

상주에게 큰 일 치르느라 고생이 많다라고 인사하고 나서 주차장으로 걸어가서 대리운전기사에게 잘 부탁한다며 조수석에 앉았다. 삼십대 후반이나 사십쯤으로 보이는 여자 운전자에게 나는 질문을 던졌다.

"애들 과외시키려고 아르바이트 하세요?"

그 아주머니 답변인즉 "점잖은 손님 같아서 편하게 말씀드리죠. 사실 저희 애 아빠는 그림을 그리는데 가평에서도 삼십 분쯤 더 들어간 산골짜기에서 혼자 좋아서 화가라는 생활을 하고 있습니다. 집안 살림에는 전혀 관심이 없어 제가 애들 데리고 먹고살려고 생업으로 대리운전을 하고 있습니다"라고 차분하게 얘기를 건넸다.

하루저녁에 얼마나 하며 몇 시에 귀가하느냐고 다시 물었더니, 어떤 날은 공치는 날도 있고 많을 때는 세 탕까지도 한다고 했다.

하루 평균 두 탕을 한다고 쳐도 월 120만원 소득이 최고일 거라는 계산이 나왔다. 내가 생각에 잠겨 잠시 말문을 닫고 있는 사이에 "선생님은 뭐 하시는 분이냐"는 질문을 받았다. 그래서 나는 책도 쓰고 그냥 그냥 사회활동하려고 노력하는 스타일이라고 답했다.

그랬더니 나보고 "글을 쓴다는 게 무척이나 어렵고 대단한 일인데 혹시 대학교수가 아니세요?"라며 점점 더 구체적으로 나의 직업에 대하여 관심을 표했다.

"그저 긍정적으로 하루하루를 나도 즐겁고 남도 재미있게 하면서 살려고 노력하고 있습니다."

그러고는 내가 얘기했던 것을 증명이라도 하려는 듯이 차 트렁크 안에 있을지도 모를 책 한 권을 찾아서 건넸더니 너무너무 고마워하면서 몇 번이나 인사를 하였다. 짜증나는 세상생활에서 큰 선물을 받은 것처럼 기뻐했다.

20여 분의 짧은 만남이었지만 나도 기분이 좋았다. 오늘도 나는 남을 즐겁게 하고 고맙게 행동했으니 하루를 성공한 사람이 된 셈이다.

이게 인생인가?

돈과 행동

돈은 사람이 살아가는 데 있어서 중요한 역할을 한다는 것은 누구나 부인하지 못하는 사실이다. 돈이 없어 생명을 구하지 못하는 경우도 다반사이며 돈이 필요해 사람을 죽이는 사건도 우리는 매일 뉴스로 접할 수 있다. 돈 때문에 부자지간 형제간에도 등을 돌리고 원수지간이 되기도 하는 것이 우리네 삶의 현실이다. 돈에 여유 있는 계층은 돈으로 자기를 과시하기도 하고 돈이 없는 계층은 자기가 하고 싶은 욕구를 자제하며 살아간다. 돈을 많이 번 부모는 자식들을 남보다 고급스럽게 키우려고 각종 분야에 투자한다. 또한 돈이 너무 많아 행동을 잘 못해서 주위 사람을 잃고 손가락질을 받기도 한다.

사람은 직급이 올라가도 자기 행동을 더 조심스럽게 해야만 하듯이 돈을 벌어도 인격적으로 행동해야만 비난을 면할 수 있다. 돈을 빌려간 사람은 돈을 빌려준 사람을 피하려는 경향이 질다. 왜냐하면 돈 좀 빌렸다고 빌려준 사람에게 돈 이외의 다른 부분까지 종속되고 싶지 않아서 그럴 거다.

아무리 부자라고 해도 가난한 사람보다 반드시 더 행복하지 않다는 말은 돈으로 모든 걸 다 할 수는 없다는 얘기인지도 모르겠다. 선생님의 자식이 반드시 공부를 더 잘한다는 보장이 없듯이 말이다. 어찌 보면 돈이란 괴물 같아서 벌기도 어렵지만 쓰는 것도 보통 어려운 문제가 아닌 것 같다. 번 돈을 어떻게 효율적으로 쓰느냐가 더 중요한 과제인 것이다.

내 주변을 살펴보면 부자였다가 가난해진 그룹과 그 반대인 경우도 많이 볼 수 있다. 봉급쟁이를 오래하다 나와서 사업에 손댔다가 망가진 사람 중에는 자기 행동 반경을 급격히 줄이는 경향이 있다. 극단적인 경우에는 아예 칩거상태로 변해버린 사람도 있다. 내가 어렵게 되었는데 누가 나를 반기겠느냐는 생각에서 사람 접촉을 피해 버린다는 얘기다.

일반적으로 돈을 버는 데 성공한 사람 주변에는 떡고물이라도 떨어질까 봐 가까이 지내려고 서성이는 사람들이 많아진다. 그러나 얼마 안 가서 돈을 번 사람의 행동이 자기 눈에 거슬리면 접촉을 끊고 뒤돌아서서 비난을 하게 된다. 돈이 많은 사람은 자기를 알아주는 사람을 제일 좋아하기 때문에 상대방이 자기 앞에서 잘난체하면 기분 나빠한다. 사람의 행동범위는 자기의 생각과 주변 환경에 따라 변하게 된다. 그래서 공격적인 사람과 수동적인 사람의 사회적 활동범위가 다르고 주변 환경이 좋은 사람과 나쁜 사람의 행동반경도 차이가 난다. 예로부터 돈 빌려주고 사람까지 잃는다고 하지 않았던가. 사람들은 돈에 관련되면 여러 가지 형태로 행동을 달리한다. 조그마한 내기를 걸어도 그 게임에 임하는 자세가 변하게 되고 자기가 손해 볼 것 같으면 절대로 양보하려 하지 않는다.

나 자신도 지금보다 얼마가 더 있어야 풍족하게 쓰고 하고 싶은 일 다 하면서 그야말로 멋진 인생을 누릴지 모르지만 그저 돈만 많이 벌려고 안달거리다가 주위 사람을 잃는 것은 절대적으로 사양하고 싶다. 사람 사는 게 내 주변의 많은 사람과 여러 가지 형태로 더불어 재미있고 행복해야지, 돈은 많은데 나 홀로 그 큰 집에서 매일 바닷가만 창문 밖으로 지켜보면서 산다면 그건 다름 아닌 부자 감옥소가 아닐까 싶다. 넉넉한 돈은 없지만 찾는 사람 많고 찾을 사람 많게 살아가는 게 나의 행복지론이다.

부자들이여! 음식점에서는 서부의 건맨처럼 지갑을 빨리 빼라. 그러면 주위 사람들이 줄어들지는 않을 것이다. 없는 자들이여! 돈이 인생의 전부는 아니라고 하지 않던가. 돈 말고도 부자들보다 더 많은 걸 갖고 살 수 있지 않은가. 웃음, 유머, 건강, 자원봉사, 명예, 기타연주, 암벽타기, 행복한 가정, 바둑 그리고 보고 싶은 많은 사람들….

돈, 돈다, 돌다

돈 때문에 부모 자식 간에도 쪼개지고 형제지간에도 얼굴 안 보고, 무척이나 편리하고 소중하기도 하지만 이렇게 나쁜 역할도 하는 게 현실이다. 부자가 삶의 질을 반드시 높게 사는 것만도 아니다. 어떤 사람은 돈만 알고 돈으로 모든 일을 해결하려고 하며, 또 어떤 사람은 돈만 쫓다가 자기는 재미있고 의미 있게 써보지도 못하다가 가 버린다. 돈은 돌고 돈다고 하는 뜻에서 나왔다고 한다. 이렇게 돌고 도는 것은 역으로 생각해 보면 누구나 잡을 수 있는 물건인 것이다. 병문안을 갈 때도 오렌지주스 한 박스 사 가지고 갈까 하다가 많은 사람들이 사왔을 것을 생각하며 흰 봉투에 위로금을 넣어 실제적으로 환자에게 도움이 되도록 처신할 수도 있는 좋은 대체재이기도 하다.

돈은 어떻게 버느냐도 중요하지만 어떻게 쓰느냐도 어려운 것이다. 로또에 당첨된 사람들의 대부분이 인생을 제대로 뜻있게 영위하지 못한단다. 왜 그럴까 생각해 보면 별안간 큰돈이 들어오니 어떻게 활용해야 될지를 모르고 우왕좌왕하게 돼서 그런 것 같다. 주변에 있는 가까운 사람들의 기대심리는 높아지는데 정작 큰돈을 얻게 된 당첨자는 평소에 자기지론이 없다 보니 우선 반대부터 하게 되고 이렇게 행동하다 보니 그렇게 친하던 사람들로부터 외면당하게 되는 것이다. 또한 가족들도 그간 돈을 못 써 봤던 갈증을 해소하려는 심리가 생기게 되어 소비에 대한 질서의식과 균형감이 깨져 버리는 것이다.

이론상으로는 수입이 늘었으니 행복감도 비례해야 되건만 현실은 시간이 흐름에 따라 더 불행해진다는 얘기다. 아예 로또에 당첨이 안 되었다면 이런 문제점이 발생도 하지 않았겠지만 돈이라는 소재가 수중에 들어오게 되어 쓰나미 같은 현상이 나타나기 때문이다. 고로 돈의 원래 뜻대로 잘 돌아가게 하면 나쁜 현상을 예방할 수 있다는 얘기다. 예기치 못했던 돈이 굴러들어 온다는 건 갑자기 큰 비가 내려 홍수가 되어 물난리를 겪게 되는 것과 같은 이치인 것 같다는 생각이 든다. 그래서 벼락부자가 된 사람들이 주변 사람들로부터 "저 사람, 왜 저렇게 변했어. 쯧쯧!"하며 지탄을 받게 되는 모양이다.

나도 항상 쓸 돈이 부족한 상태로 살아왔다. 언제 한 번 여윳돈을 가지고 살아 본 기억이 없다. 어떻게 보면 돈에 대한 인간의 욕망은 끝이 없는 건지도 모르겠다. 그래서 있는 사람이 더 한다는 얘기가 생겼을 것이다.

돈은 벌었어도 품위 있고 균형 잡힌 소비행동을 한다면 윤활유 같은 기능을 발휘하는 물건이 될 것이다. 나는 내 주변에서 돈을 많이 가졌던 사람들이 외롭게 지쳐가는 모습을 많이 보아 왔다. 지금 내가 가진 돈도 돌고 돌아야 본연의 임무를 다하는 것이다.

떡볶이

저녁에 약속이 있어 소주에 이어 2차 생맥주까지 하고 여느 때보다는 조금 빠르게 자리를 마친 후 택시를 탔다. 택시 기사에게 요즘 경기가 어떠냐고 물으니 직장인들의 술좌석이 줄어들어서 손님이 너무 없어 최악의 상태란다. 몇 마디 대화를 나누다 보니 집 근처에 다 왔길래 한 탕이라도 더 뛰라고 나는 대로변에 세워달라고 했다.

택시에서 내려 집으로 걸어가면서 평소에 눈에 익었던 떡볶이, 오뎅, 순대 등을 놓고 60대 초반의 부부가 조그마한 트럭 위에서 장사하는 곳에 들렀다. 밤 10시가 조금 지났는데 손님이 없어 아주머니는 트럭 위 의자에 앉아 국물이 쫄지 말라고 물을 붓고 아저씨는 밖에서 트럭 주변을 닦고 있었다. 내가 이곳에 들른 것은 한편으로는 조금이라도 돕고 싶은 마음에서(지금의 내 심정으로는 일이천 원이 아무것도 아니지만 그분들에겐 행복이기에),

또 다른 면에서는 집에서 나를 기다릴 식구들을 생각하기 때문이다.

떡볶이 이천 원어치를 달라고 주문했더니 아주머니는 조금 식었다며 불을 붙이고 물을 조금씩 부으면서 따뜻하게 데워주셨다. 평소에 이곳을 지나칠 때마다 상상했던 것이 아저씨는 60대 후반쯤, 아주머니는 60대 중반이 되었으리라고 생각했었으나 오늘 막상 가까이 다가가 보니 생각보다 젊어 보이시고 무척이나 밝은 표정이었다. 특히 아저씨의 웃는 모습은 일하는 저녁시간 내내 서 있어도 힘들지 않아 보였고, 돈 버는 재미 때문인지 부부금실도 좋아보였다.

요즘 내 주변에는 사업정리 후 뭘 해야 될지 몰라 고민하는 사람들이 있다. 문제는 당사자는 뭘 해도 괜찮다는 의식인데 가족들이 가장의 신분 변화를 동의하지 않는다는 것이다. 그래서 남자들은 특히 우리 세대 사람들은 항상 고민이 많다. 무슨 일을 하더라도(심지어는 내가 죄를 지어 감옥에 가더라도 가족의 지지만 변함없다면 그래도 최악으로 인생을 낙담하지는 않을 것이지만) 가족의 이해와 동의가 없으면 당사자는 의욕과 성취감을 느끼지 못한다는 얘기다.

그런데 이 노부부는 밝은 인상으로 재미있게 열심히 일하게 된 배경이 있을 것 같다는 생각이 든다. 아마도 자식들 다 출가시키고 아저씨도 사회에서 은퇴하신 후 "우리 운동 삼아 조그만 장사라도 해 봅시다" 하며 이 떡볶이 가게를 길모퉁이에 차렸을 것이다.

또 하나의 추리는 자식들이 알면 속상해 할까봐 아무도 모르게 멀리 떨어진 이곳에서 장사하면서 생활비도 벌고, 집에서 무료하게 보내거나 쓸데없는 걱정도 안 하게 되었을 것이다. 또 계속 움직이니까 몸도 관리되기에 "자식이 뭐냐, 우리 자신의 건강한 삶이 중요하지!" 하면서 큰 용기를 내어 이런 장사를 시작했을 것이다. 그러면서 덤으로 나같이 술 먹고 귀가하는 사람도 만나고 지나가는 여러 계층의 손님을 접하면서 살아있는 사회 속에서 고립되지 않고 그야말로 자연스러운 세상살이를 할 수 있다는 이야기다. 그래서 사람은 자기의 용기와 주변의 이해를 바탕으로 새로운 삶을 만들어 낼 수 있는 게 아닐까 싶다.

이 노부부의 현실은 남의 얘기가 결코 아니라 그분들의 연령대로 하루하루 다가가고 있는 우리들의 미래상일지도 모르겠다. 집에 들어가 식구들에게 이 떡볶이 좀 먹어보라고 하니 딸아이는 다이어트 때문에 손을 저었고 집사람은 마지못해 한 점 맛을 보더니 왜 이렇게 짠 걸 이 늦은 시간에 사왔냐며 다시는 떡볶이를 사 오지 말란다. 그래도 나는 기분이 나쁘지 않았다.

리어카 할머니

아침마다 자주 볼 수 있는 광경이 있다. 개 한 마리와 리어카 한 대 그리고 안경을 쓰신 할머니이다. 이 할머니는 올해 75세인데 리어카를 끌고 다니면서 이른 아침부터 구석구석을 뒤지며 종이박스나 플라스틱 음료통, 신문지 같은 것을 수거한다. 언젠가 이발소 아저씨가 폐지수거업체와 통화하는 내용을 들어본 결과 신문지 1kg당 130원에 사간다는 걸 알았기에 이 할머니의 하루 수입이 과연 얼마나 될까 상상해 볼 수 있었다. 그런데 언제부터인가 이 동네에 있는 하얀 개 한 마리가 항상 할머니 곁을 따라다녔다.

어느 날 주위에 아무도 없기에 이 할머니에게 "올해 연세가 어떻게 되세요?" 하고 여쭤보니 "내 나이 많아요. 75예요"라고 대답하셔서 그동안의 궁금증을 풀 수 있었다.

"할머니, 아주 건강해 보이시네요."

할머니는 미소 짓는 표정으로 "고마워요, 좋은 하루 되세요!"라고 하셨다. 힘이 있는 목소리에 황금빛 얼굴은 한 눈에 봐도 아주 건강해 보이셨다. 나는 이 할머니가 왜 아침마다 리어카를 끌고 내가 어렸을 때 삼각지 동네 곳곳에서 흔히 볼 수 있었던 넝마주의 같은 일을 하시는지 궁금했다.

할아버지가 병환으로 누워 계셔서 약 값이라도 벌려고 그러는지, 아니면 자식들이 지들 식구 먹고살기에만 급급해서 생활비를 내놓지 않아서 그런 건지, 아니면 소일거리로 용돈도 벌면서 건강관리를 위해 하시는 건지, 이것저것도 아니면 천성이 부지런해서 돌아가신 우리 부모님이나 팔순이 넘으신 장모님처럼 요즘에도 온종일 일을 찾아서 하시는 습성이 몸에 배어서 그런지 궁금할 뿐이었다.

습관이란 21일간 계속 반복해서 같은 일을 하다 보면 자신도 모르게 생기는 것이라고 하니 젊어서부터의 행동이 죽을 때까지 이어질 수밖에 없을 것이다. 내 주변에는 아주 바쁘게 살아가는 분들이 많았던 것 같다. 어렸을 때 이불 속에서 참다못해 결국은 급하게 오줌이 마려워 눈을 비비며 화장실에 가려고 밖에 나가다 보면 아버지가 그 이른 새벽에 혼자서 우리 집 앞길은 물론 양쪽 옆집 앞까지 밤새 내린 눈을 쓸고 계셨던 모습, 동네에서 제일 먼저 아침밥을 짓는 어머니가 부엌에서 자식들이 잠에서 깨어날까 걱정하시어 조심조심 그릇을 다루셨던 소리, 자기가 맡은 임무를 언제나 완벽하게 처리하느라고 새벽출근과 새벽퇴근 그리고 휴일도 없이 일에 미친 사람처럼 국가를 위해 헌신하다 일찍 세상을 떠나버린 하나밖에 없던 우리 친형님, 그리고 항상 쉴 새 없이 몸을 움직이시는 장모님과 언제나 새벽 다섯 시쯤이면 조용히 일어나 집안 청소와 아침을 준비하는 집사람, 대학교수로 재직하면서 주말과 휴일엔 청계산 자락에서 완전 농부로 변신해서 배추, 무, 파 등 수많은 채소류를 전문가급으로 훌륭하게 키워내는 두 분의 교수님, 이 분들의 공통점은 모두가 오랫동안 몸에 밴 습관적인 행동이라는 것과 누가 시켜서 하는 것이 아니라 본인이 찾아서 일을 하며 또 하나의 특이한 사항은 조그마한 일에도 주변 사람들로부터 신용을 잃지 않고 살아간다는 것이다.

아마 그 리어카 할머니도 분명 이런 부류에 속하는 분이라고 믿어 의심치 않게 된다. 나도 아이 둘을 키워봤지만 요즘에 점점 더 느끼는 점은 부모의 습성을 닮았다는 사실이다. 큰 애는 사회에 진출해서 직장 2년차 사원이고 작은 놈은 군에 갔다 와 3학년에 재학 중이다. 그런데 그네들의 요즘 행동을 들여다보면 책임감과 스스로 찾아서 하는 모습을 발견할 수 있다. 자식은 부모의 등을 보며 배운다는 말이 실감이 날 정도다. 나는 자식들에게 이야기할 기회가 생기면 그때마다 늘 목표를 갖고 행동하라고 강조한다. 목표를 갖고 미래의 시간을 맞이하는 사람과 방향도 없이 주관도 없이 세월만 보내는 사람과는 그 결과의 차이가 하늘과 땅이라고 생각하기 때문이다. 이렇게 조그만 일에도 목표를 갖고 계획을 세워 실천하려다 보면 자기도 모르게 접근하는 의식과 태도가 형성되고, 계속 생활하다 보면 반복적 행동이 나오고 그 결과 습관이 몸에 배게 되는 것이다.

아직도 엄마가 새벽에 지어주는 밥을 먹고 새벽 6시가 되기 전에 일터로 출발하는 우리 딸아이도 가정을 꾸리게 되면 엄마처럼 새벽 5시에 일어나 청소하며 아침을 준비하리라 그려진다. 둘째 놈인 아들 녀석도 맡은 바 임무수행에 철저한 모습으로 주변 사람들에게 신뢰를 쌓으며 사회생활을 해 나갈 것이라고 믿는다. 왜냐하면 부모인 내 자신의 모습을 가장 가까이서 보고 배웠기 때문이리라.

그 리어카 할머니가 "좋은 하루 되세요!"라고 하신 말씀이 광고로 들었을 때와는 아주 다르게 내 가슴에 와 닿았다. 고객에게 하는 말이 아니라 그 할머니 본인에게 다짐하며 하루하루를 즐겁게 사시면서 반복적인 자기최면을 통해서 "이봐! 젊은이, 나는 매일 매일 좋은 하루요"라며 뽐내시는 것 같았다.

마누라의 빈자리

집사람은 친정에 간다고 없고 아들 녀석은 군복무 중이라 없고 딸과 둘이 집을 지키는데 아침에 일어나니 밥 먹고 싶은 생각도 없고 왠지 모르게 집에 생기가 돌지 않는 것 같다. 집사람의 빈자리가 우리 가정의 전체 분위기를 좌지우지한다고 느껴졌다.

방학 중인 딸아이가 밤에 잠자리에 들기 전에 "아빠! 내일아침은 뭘로 먹을까?" 하며 물어보는 것이 부재중인 아내의 자리를 대체하기에 또 다른 행복을 맛본다.

사람은 누구나 행복해지기를 원한다. 행복은 저 멀리 있는 게 아니라 생활 속에 가까이 있다. 아침에 일어나서부터 거울 앞에서 웃으면서 "나는 행복하다"라고 되뇌어 보며, 혼자만의 시간에도 머릿속으로 생각해 본다. 그리고 달리는 차 안에서도 큰소리로 외치는 버릇을 갖게 되면 자기도 모르게 점점 행복해져 가고 있음을 느끼게 된다. 또한 기분 나쁜 일이 생겨도 곧바로 진압할 수 있는 능력이 생긴다. 마치 몸속에 균이 침투하게 되면 백혈구가 총동원되어 나쁜 것을 몰아내려고 하듯이 말이다. 사회의 구성원 모두가 각자의 맡은 바 역할이 있듯이 가정에서도 식구 모두가 각각 기여하는 부문이 있어서 소중함을 느끼게 되는 모양이다. 특히 같이 있어야 할 식구 중 하나라도 밖에 있게 되면 그런 생각이 문득문득 드는 것 같다.

작년에 집사람과 둘만 있을 때는 군에 간 아들이 가끔씩 휴가만 나와 있어도 집안 분위기가 살아나는 느낌을 받았고, 딸아이가 7개월 만에 귀국한 금년 초에는 아들과 함께 식구 셋 모두가 공항으로 나가 영접하여 집으로 돌아오니 집안이 꽉 찬 기분이 들었다. 모든 게 빈자리를 채워 제자리로 돌아오니 행복이 무엇인가를 새롭게 느낄 수 있었다.

마중물

우물물을 뜰 때 물 한 바가지를 넣어야 지하에 있는 물을 끌어올릴 수 있다. 이때의 마중물이란 "마중나간다"는 뜻이란다. 뭘 얻으려면 먼저 투자하라는 말과도 일맥상통하는지도 모르겠다.

살아가면서 누구에게나 고통스러울 때가 있는 법이다. 그럴 때 가슴 깊은 곳의 시원한 정수를 만나려면 물 한 바가지를 먼저 붓듯이 내 마음을 더 열도록 하라는 뜻으로 해석하고 싶다. 세상에 힘들어 죽겠는데 물 한 바가지 더 내놓는 것이 그리 쉽지는 않겠지만 진정한 답을 얻고자 할 때는 더 투자해야 된다는 얘기인 것 같다.

우리도 손님이 오실 때 마중을 나가듯이 한걸음 더 가까이 갈 때 오는 손님도 기분이 좋아지기 마련이다. 또한 모든 생각을 마중물처럼 한다면 누구에게나 호감을 얻을 수 있으리라.

친구를 만날 때도 내가 한발 더 멀리 가서 본다면 그에게 시간을 아끼게 해주는 것이 될 거고, 밥을 먹고 난 후 내가 먼저 지갑을 열면 만나는 상대방에게 부담을 덜어줄 수 있는 것이며, 내가 먼저 마음을 한 줌 열면 상대방도 최소한 그만큼은 더 보여줄 것이다.

며칠 전 마누라의 강요에 못 이겨 세일 중인 백화점 양복코너에 갔었다. 여성매니저는 집사람을 알아보고는 반가워하며 우수리 일만 원을 더 깎아서 카드를 결제해 오더니, 40분 후에 오시면 바짓단도 다 줄여놓고 아울러 양말도 두 세트 선물로 주겠다며 다른 매장을 구경하시고 오란다.

우리 가족은 여유 있게 점심을 먹고 다시 그곳을 찾아 양복을 받으면서 양말도 덤으로 받게 되었다. 그때 집사람은 딸아이가 먹고 싶다고 해서 사놓은 빵 3개 중 2개를 꺼내주며 고맙다는 표시를 했다. 그 여성매니저는 환한 미소를 듬뿍 지으며 정말 잘 먹겠다고 연거푸 인사했다. 두 사람의 그 모습을 멀리서 지켜보던 나는 "역시 마중물이 선순환을 만들어 내는구나" 하면서 잔잔한 감동을 받았다.

물론 우리 딸아이는 "엄마! 내가 제일 좋아하는 맛있는 빵인데…" 하면서 미소 짓는 얼굴로 투정을 부렸다. 아마 우리 아들에게도 산 교육이 되었으리라 굳게 믿는다.

그렇다. 세상은 마중물이 많아야 깊은 인간관계를 얻을 수 있다. 그것도 내가 먼저 마중물을 한 바가지 퍼부을 때 더 행복하고 주위 사람도 기쁘게 만들 수 있는 것이다. 마중물은 깊은 곳의 물을 퍼 올리는 중요한 기능을 함으로써 소기의 목적을 달성할 수 있듯이 사람도 괴로울 때나 기쁠 때나 한 바가지의 물을 퍼붓고 살아가는 습관을 지닌다면 나와 내 주변은 늘 힘들지 않게 그 해결책을 찾을 수 있으리라.

자! 우리 모두 마중물이 됩시다.

Part 02

봄비 내리는 날의 막걸리

하나아~ 두우울~ 하며 살자

말의 힘

"자만심을 누르는 것과 분노를 이기는 것 그리고 말을 아낄 줄 아는 것과 원로들의 조언을 소홀히 하지 않는 것" 이 네 가지가 몽골제국을 건설한 칭기즈칸이 큰 아들에게 가르친 덕목이란다.

사람들은 형편이 좀 좋아지면 올챙이 시절을 망각하기 십상이다. 말을 할 때도 언제 그랬었냐는 식으로 주위 사람들의 의견을 무시하고 자신의 잘못된 행동을 이해하려 하지 않는다. 자존심이 자만심으로 변질되어 버리는 것이다.

이런 형상이 나타나면 가까운 사람들은 "저 사람, 많이 변했어. 예전에는 안 그랬는데 말이야" 하면서 고개를 좌우로 젓는다. 많은 사람들이 자리가 높아지고 돈을 벌게 되면 의식과 행동이 자기도 모르게 바뀐다고 하지만 초심을 기억하려고 노력하는 사람들은 이런 인생의 실수가 적고 결코 자만하지 않는다. 주변에 보면 다혈질의 성격을 가진 사람들이 많이 눈에 띈다. 이 사람들의 특징은 쉽게 흥분하고 갑론을박 과정에서도 싸움하려는 듯 말을 내뱉으며 화가 나면 잘 참지 못하는 경향이 있다. 옆에 있다가 이런 경험을 한 사람들은 그 다음부터는 아예 그 사람과 시빗거리가 될 만한 화제는 꺼내지 않게 된다. 설사 상대방이 화두를 던지더라도 그때의 경험을 기억하고 있기에 본심을 드러내지 않으며 자제하기 마련이다. 그래서 신선한 대화 분위기로 성숙되지 못하고 미지근하게 끝나버리게 된다.

사람은 누구나 살면서 화가 날 때가 있기 마련이다. 그러나 사람마다 화를 참는 정도가 다르다. 물론 화를 자주 참으면 병이 된다고도 한다. 부부지간이나 부모 자식, 친구지간이나 직장 상하지간이든 화를 먼저 낸 사람이 나중에 보면 실수를 했다고 자인하는 경우가 많다. 따라서 우리는 분노를 어떻게 이기느냐에 따라 서로 다른 인물 평가를 받게 된다. 말 한마디에 천 냥 빚도 갚는다는 옛말이 있듯이 말을 잘하면 득도 많지만 말을 잘못하면 큰 낭패를 보게 된다.

따라서 사회 지도자급이나 조직의 리더는 말을 아낄 줄 알아야 실수를 줄일 수 있다. 말을 많이 하는 사람일수록 신뢰성이 의심된다. 왜냐하면 비즈니스를 하면서도 말이 많은 사람은 왠지 다른 부문에 결격사항이 있어 그것을 감추려고 달콤한 말로 떼우려고 한다는 생각이 들기 때문이다.

집에 있는 엄마들이 아이들 눈에 잔소리꾼으로 대접받는 이유는 단 하나뿐이다. 일상생활 속에서 끊임없이 참견하고 과잉보호하려는 모성애 때문이다. 그러나 아빠들은 대부분 아이들과 대화를 나눌 시간적 여유가 상대적으로 적기 때문에 가끔 한마디씩 하는 것으로 느껴져서 굵은 소리, 아니 무거운 소리로 들린다. 물론 요즘 사회의 요구는 아빠도 자상한 얘기동무가 되라고 권장하고 있지만….

그리고 모든 고민을 혼자 해결하려는 사람도 많다. 내가 아닌 남이 나처럼 걱정하거나 상황을 상세하게 알지도 못하니까 어차피 내가 모든 걸 풀어가야 한다고 생각하고 남에게 조언을 구하려 하지 않기 때문이다. 흑백의 게임인 바둑을 두어 보면 게임 당사자 눈에는 보이지 않는 약점이나 해결대책이 옆에서 구경하는 훈수꾼에게는 잘 보인다. 이와 같이 나의 고민을 주변사람에게 드러내 놓고 답을 구해 보면 의외로 쉽게 그 해결방법을 찾을 수 있다.

나는 고민이 생기면 선배들이나 친구들, 더 나아가서 후배들에게까지도 자문을 구하는 습관이 있다. 그들의 시각으로 새로운 각도를 조명해 보곤 하는데 직·간접적 경험을 나보다는 주변 사람들이 더 많이 갖고 있을 수도 있기 때문이다. 요즘 방송에 뜨는 사람들 중에는 말을 재미있게 해서 청중을 사로잡는 소위 수다꾼이 많다. 이들의 공통점은 얼굴이 잘 생겨서가 아니라 자기의 일상을 상대방이 쉽게 이해할 수 있도록 표현하는 기술이 뛰어나다는 점이다. 그러면서 그 좌석의 분위기를 잘 파악해서 흥을 돋우는 윤활유 역할을 해낸다. 그러나 이와는 반대로 엉뚱한 반응으로 여러 사람을 웃기며 시선을 받는 사람도 있다.

학생을 가르치는 선생님 중에는 본인은 많이 알면서도 전달을 잘 못해서 인기가 없는 분도 있다. 그러나 내용은 별로인데 열강을 통해서 인기를 구가하는 선생님도 많다. 이것이 말의 영향력인 것이다. 같은 내용의 말도 누가 하느냐에 따라 반응이 다르고 어떤 분위기 속에서 했느냐에 따라 받아들이는 강도가 다르게 된다. "어" 다르고 "아" 다르다고 약간만 다른 단어를 구사해도 상대방이 받는 느낌은 아주 큰 차이를 보이게 된다.

말은 입에서 나가는 순간 주워 담을 수 없기에 어려운 것이다. 무심코 뱉은 나의 한 마디가 상대방에게는 큰 상처도 줄 수 있고 반대로 성장하는 젊은 학생들에게 미래의 큰 꿈과 용기를 주는 역할도 한다.

얼마 전에 국내 굴지의 기업에서 야간 강의를 한 적이 있다. 저녁 6시에 나를 특별 강사로 초빙한 S대의 김교수와 성교수를 안양에서 만나 수원에 있는 기업체의 강의실로 동행했다. 초행길이고 퇴근시간이라 강의시간에 늦지 않기 위해 내가 함께 가자고 제안했던 것이다. 강의실에는 20대 후반부터 50대 초반까지의 그 회사 소속 직원들이 퇴근하여 4년제 과정의 야간대학인 이곳에서 기다리고 있었다. 40대 초반의 과대표로 보이는 근로학생이 김밥과 음료수 그리고 군것질할 과자를 참석자 모두에게 나누어 주며 수업시작을 준비하는 모습이었다. 강의실은 국제 회의실 같은 구조로 되어 있어 아주 편하다는 인상을 받았다.

김교수의 간단한 강사 이력 소개에 이어 나는 윗도리를 벗고 주재석에 앉아 "자기경영"이란 주제로 강의를 하면서 학창시절에 공부할 시기를 놓치고 직장에 들어와 만학을 하게 된 이 학생들에게 9대 1의 경청의 법칙과 웃음의 효과, 유머의 힘 그리고 조직 내에서의 상하좌우 인간관계기법 등 내가 평소에 가지고 있던 지론을 소개하면서 "말과 신뢰성"에 대해 특히 강조했다. 결론적으로 얘기하자면 말을 했으면 반드시 지켜야 한다고 역설하였다. 부모가 자식에게 조그마한 약속을 했더라도 반드시 지켜야 자식이 부모의 말을 신뢰하고 따르게 되며 상사가 부하 직원에게 무슨 약속을 어느 술좌석에서 했더라도 100% 이행해야만 조직관리가 된다는 얘기다.

요즘 정치인들은 그때그때를 모면하기 위해서 또는 표를 얻으려고 무모한 약속을 남발한 후 자기가 한 말에 대해 책임을 지지 않기 때문에 국민들이 신뢰하지 않는 것이다.

나는 몇 시에 어디서 만나기로 약속한 사람이 늦게 나오는 습성을 보이면 절대로 그 사람과는 중요한 일을 같이 해서는 안 되겠다고 평가해 버린다. 왜냐하면 본인이 했던 말을 사소한 부분에서도 못 지키는 사람과 비즈니스를 한다면 결과는 뻔하게 예측이 되기 때문이다. 그래서 사람은 함부로 말을 해서는 안 되는 것이며 일단 말을 한 것은 어떠한 손해가 있더라도 지켜야만 나중에 더 큰 일을 함께 할 수 있다는 신뢰를 상대방에게 보낼 수 있기 때문이다.

명절이나 제사 때 큰집에 가서 조카들에게 말을 아끼는 이유도 집안의 어른으로서 잔소리꾼으로 비쳐질까 염려되기도 하지만 많은 말을 일방적으로 길게 하다 보면 할 수 없이 듣기만 하는 조카들이 "나이 드신 어른들은 말이 많아!"라는 인식을 갖게 되고 결국은 대면을 기피하는 현상이 생길까 우려되기 때문이다. 왜냐하면 내가 그 녀석 나이에도 그렇게 느꼈으니까. 사람이 누구나 제일 쉽게 돈 안 들이고 말을 할 수 있는 입이 하나만 달려있는 것도 조물주께서 다 심사숙고한 결과라고 생각된다.

망각

사람에게는 망각이라는 좋은 능력이 있다. 이것이 없다면 부모님이 돌아가신 뒤에도 계속해서 슬픔에 잠겨있게 되어 일상을 해치게 된다. 고대 로마의 개선식에는 "당신도 언젠가는 죽는다"는 노래가 개선장군의 뒤를 따랐다는 얘기가 있다. 성공과 자만을 경계하라는 메시지이다. 과거의 성공에 집착하고 새로운 미래에 대비하지 못하면 몰락할 수밖에 없는 게 현실이다.

학창시절에는 이놈의 망각증세 때문에 영어단어를 수십 번씩 반복해서 외우느라 고생했지만 때로는 이 망각증세 때문에 어려움과 슬픈 일을 훌훌 털어버리고 새로운 삶으로 나아갈 수 있는 것이다. 속담에 개구리가 올챙이 시절을 다 잊고 까분다고 했다. 과거의 승리를 망각해야 정신적으로 나태해지는 걸 방지할 수 있다. 지난해에 우승한 팀이 이듬해에 꼴찌를 하는 것은 과거의 승리 속에서 자만하고 나태해졌기 때문이다. 지난 해의 승리는 이미 과거인데 다음해까지 즐기려 하고 현실 직시를 게을리 하면 결과는 참담하게 된다.

어렵게 성공을 일구었다가 너무 쉽게 망하는 모습이 주변에서 자주 눈에 띈다. 성공 후에 오만함 때문에 "내가 누군데, 남은 다 실패해도 나는 아니야, 내가 왜 망해!" 하면서 올챙이 시절을 다 망각해 버린다. 그래서 우리는 당초에 세운 목표를 달성한 후에 성취감은 잠깐으로 충분하며 또 다른 목표를 다시 설정해서 도전하는 자세가 필요한 것이다.

나는 내 사업을 하는 동안 두 번이나 참패했던 기억이 남아 있다. 내가 전혀 모르는 분야에 꿈만 갖고 도전했다가 망가졌다. 그러나 이때의 쓰라린 경험은 아직도 주변 사람들에게 훌륭한 사례로 인용하고 있다. 계속 기억하며 살아야 할 사건과 빨리 망각해 버려야 좋은 것이 있다는 얘기다.

명품 의존증

작년 12월에 중국 심천공업특구에 일이 있어 간 적이 있다. 어느 정도 업무가 마무리될 무렵 오후 반나절을 유용하게 보내는 방법 중 하나가 짝퉁샵을 가서 쇼핑을 하는 것도 있다고 안내자가 웃으면서 귀띔해 주었다. 몇몇 사람은 관심이 있어 다녀온 모양이었다.

그들의 설명을 전해 들은 바로는 부르는 값의 십분의 일에서부터 이분의 일, 즉 50%까지 네고해서 물건을 구매할 수 있었단다. 세계적인 명품의 그 어떤 것도 짝퉁을 만들어 내는 천국이 바로 중국이며 세관원이나 명품점 판매원조차도 진짜와 가짜를 가려내지 못하는 경우까지 나올 정도로 정교하게 짝퉁을 만들어 낸단다.

금년 2월 1일 O.B모임에서 중국 하문이라는 섬 지방을 단체로 여행한 적이 있다. 여행 중에 시간이 있어 우리가 현지가이드에게 짝퉁샵 좀 구경 가자고 청했다. 물론 가이드는 대환영하는 눈치였다. 왜냐하면 여행자들이 구매한 만큼에 비례해서 자기 부수입도 생기기 때문일 것이다. 샷터를 반쯤 올린 상태로 영업 중인 짝퉁샵을 난생처음 가보게 되었다. 주로 핸드백 등 피혁제품과 시계 같은 고가품을 취급하는 상점이었다. 우리 일행은 1층부터 찬찬히 돌아보며 2층까지 구석구석 뭐 살 것 좀 없나 하며 뒤져보았다.

선배 한분이 시중에서 칠팔십만 원 한다는 명품의류 짝퉁을 십일만 원 수준에서 네고 끝에 구매하였다. 다른 선배도 안사람에게 선물할 핸드백 종류를 여러 차례 밀고 당기면서 사게 되었다. 나는 맘에 드는 허리띠가 눈에 띄어 오만 원 달라는 것을 심천에서 들은 대로 이만 원으로 깎아서 몇 차례 팔라고 종용했지만 30% 이상은 세일하지 않는다고 하여 안 샀다. 이 상점은 종업원들이 최대 30% 수준에서 가격 인하 협상을 끝내는 가이드라인이 설정되어 있는 듯했다. 따라서 손님이 안 산다고 나가면 다시 잡아당기는 그런 모습은 볼 수 없었다.

이 광경을 함께 보며 동참했던 나는 "그래, 꼭 비싼 돈 주고 진짜 명품만 살 필요가 있겠는가. 짝퉁을 몇 분의 일 가격으로 사서 명품을 지닌 기분을 낼 수 있다면 그게 더 생산적이지 않을까?" 하는 생각을 가졌다. 우리 집에서도 늘 느끼는 점은 명품을 사지 않으면 양심불량인 것처럼 생각하는 것과 명품 오리

지널을 사서 써야 오래간다는 지론을 갖고 있다는 것이다. 사실 여기에 더 추한 것은 "내가 어째 짝퉁이나 B급을 살 수 있느냐? 그건 말도 안 된다!"고 하는 명품의존증이나 중독증이라고 해야 할까, 아니면 포장증이라 해야 할지 모를 정신 상태이다.

세계 각국의 관광 중심지에 있는 명품점에는 우리나라 사람이 제일 많다고 매스컴은 몇 번씩이나 보도한다. 소득은 일정한데 폼은 잡아야 하니 지출이 얼마나 센가. 이러다 보니 우리 같은 재형저축세대(= 봉급을 타면 최우선적으로 일정 금액의 재형저축을 매월 불입했던 70년대 말부터 80년대까지의 샐러리맨들)는 선뜻 이해가 안 가는 것은 물론 한심하게 보인 적이 많다. 왜 그렇게 비합리적인 소비생활 패턴을 보여야 할까.

답은 한가지로 요약할 수 있을 것이다. 머릿속에 든 철학도 없으니 겉으로나 교양 있고 부티 나게 보이기 위해 자기 분수에 넘치는 명품의류에다 핸드백, 신발에 시계 등으로 치장할 수밖에 없지 않은가 말이다.

더 큰 문제는 우리 사회의 이런 폐단이 난 척하고 싶은 졸부 출신 부모들로부터 자식들에게로 전이되었다는 사실이다. 비이성적인 행동을 말려야 할 부모가 자기 자식이 다른 자식보다 돋보이게 하려고 껍데기로 포장하려 한다는 것이다.

미국에 몇 차례 가 보았지만 교포 중에서 명품 의존증에 걸린 환자는 듣지도 보지도 못했다. 그만큼 우리가 비합리적인 사회 속에서 살고 있다는 얘기다. 더더욱 놀랬던 점은 10달러 정도의 물건을 살 때에도 몇 번씩이나 가게를 드나들며 고민한다는 사실이었다. 그러니 우리는 얼마나 헤프게 소비하는 국민인지 알 수 있었다.

마음의 명품을 찾아 나서자. 그래야 시간이 지나면 허무하지 않게 된다.

모두의 승리

게임에서 꼭 이기려고 하는 친구가 있고 아직도 뭐만 보면 남보다 더 챙기려고 하는 사람이 있다.

얼마 전 집 근처의 부동산 중개업소에서 들은 얘기인데 칠순이 넘은 할머니도 어떻게 해야 돈이 되느냐고 재산 타령을 한단다. 만날 때마다 꼭 오 분 또는 이삼십 분 늦게 나오는 사람들이 있다. 뒤에서 유턴을 기다리는 사람이 앞에 선 차량보다 먼저 돌아가 버린다. 단체로 등산을 가도 헉헉거리며 힘들어하는 동료는 의식도 않은 채 자기만 앞서서 저 멀리 달아나는 사람이 있다. 버스를 기다리다가 정류장에 도착하면 뒤에 온 사람이 먼저 승차하려고 끼어든다. 승용차를 타고 가다가 운전석 창문을 열더니 담배꽁초를 획 던져버린다.

나는 이런 사회의 환경 속에서 살고 있다. 이런 모습이 오늘을 살아가는 우리의 자화상일 거다. 모두 자기가 던진 부메랑

이 목표물을 적중시키기만을 기대하지 자신에게 다시 돌아와 큰 피해를 줄 것이라는 예상은 접고 산다. 소위 부메랑 효과를 잊고 산다. 그러다 보니 남한테는 무조건 이겨야 하고 남보다 더 가져야 하고 남이야 뭐라고 하든 나만 편하면 되는 의식이 팽배해진 세상이 되어 있다.

진정으로 게임을 이기는 것은 스코어 상의 결과도 중요하지만 게임을 통해서 사람을 사귀고 더 가까워지며 즐기면서 행복을 느낄 줄 아는 사람이다. 남을 의식하고 남에게 보여주고 싶은 성적표를 중시하는 의식은 한 차원 높은 가치인 진정한 기쁨과 즐거움을 아직 모르는 미성숙 단계이다. 벼도 익을수록 고개를 숙인다고 하지 않던가. 미성숙은 고개를 바짝 쳐들고 성숙은 고개를 숙이고 내부의 완성도를 찾는 것이다.

게임의 결과물인 스코어 자체보다 그 과정인 만남에서부터 웃음과 유머, 순간순간의 만족과 기뻐하는 모습, 그리고 모든 상대방을 기분 좋게 하여 궁극적으로는 나도 기분 좋은 모습이 진정한 행복이 아닐까 싶다. 또한 스코어 상으로 진 사람은 이긴 자에게 아름다운 승복을 표할 때 우리 모두는 더 친해지고 비로소 성숙된 인간이 된다. 이럴 때 우리 모두는 승자가 된다.

택시나 버스, 용달 화물차가 규정을 무시하고 끼어들 때 나는 "저 사람들은 시간으로 먹고 살아야 하니까"하며 부드럽게 양보하고 이해하려 한다. 그들을 욕하는 것보다 그들의 사정을 이해하는 게 나를 극복하는 승리이기 때문이다.

몰살작전

중 · 고등학교 다닐 때 "귤 껍데기"라는 별명의 역사 선생님이 계셨다. 내가 살고 있던 삼각지의 상명여고와 만리동에 있는 우리 학교 두 군데에서 수업을 하셨던 걸로 기억된다. 존함은 김광일 선생님이신데 무척이나 재미있고 열정적으로 역사를 가르치셨다. 젊었을 때 여드름이 심했었는지 얼굴 모습이 귤 껍데기 같다고 생각되어 우리가 거기에 걸맞은 별명을 붙였던 것 같다.

얼마 전에 바둑 모임 멤버 셋이서 모여 조촐하게 리그전을 벌인 적이 있다. 게임 순서상 나는 옆 좌석에 앉아 구경하고 박사장과 이태공이 먼저 맞붙었는데 초반 포석에서 박사장은 세력 작전으로, 이태공은 자기 성격처럼 실리 위주로 맞섰다. 그때까지 형세는 이태공의 압도적인 우세였으나 중반전에 들어서자 이런 낌새를 알아챈 박사장이 중앙에서 시비를 걸기 시작하여 대형 전투로 변했다. 이태공은 기를 쓰고 방어했고 박사장은 사생결단의 의지로 공격하였다.

얼마 후 긴박했던 전투는 끝나고 그 결과는 박사장이 이태공의 대마를 다 죽이고 입가에 미소를 띠며 승리하였다. 아마추어끼리는 프로기사들은 대마불사(大馬不死)라고 말하지만 대마라도 죽는 경우가 다반사다. 맞바둑이지만 평소의 실력으로는 이태공이 월등했으나 이날은 박사장의 기세가 대단했던 것이다. 결국 셋이서 리그전을 세 번이나 치렀으나 공동우승의 영광을 똑같이 나누었다.

그 다음날 아침에 박사장에게 전화를 걸어 "당신 요즘 무슨 책 읽어?"라고 물으니 "몰살?"이라는 신간 바둑서적을 열심히 공부하고 있다고 유머러스한 대답으로 응수했다. 어제 이태공의 대마를 몰살시켰다고 기분 좋아서 하는 얘기였다. 사람들이 바둑을 좋아하는 이유는 실제로 전쟁처럼 존엄한 생명체를 살상하는 것은 아니지만 흑과 백의 전쟁놀이를 통해서 영토를 확장하고 상대방을 섬멸시키며 승리의 희열을 만끽할 수 있기 때문이다. 그 중에서도 치열한 전투를 벌이다가 상대방을 몰살시키게 되면 그 기분은 "짱"이다.

박사장과 통화를 하면서 "몰살"이라는 말을 듣자 중·고등학교 시절의 "귤 껍데기" 선생님과 고구려의 명장 을지문덕의 "살수대첩" 이야기가 함께 떠올랐던 것이다. 약 지금으로부터

1,400년 전 중국의 수나라 양제가 100만 명이 넘는 대군을 거느리고 고구려를 침입했을 때 수군(水軍)은 바다를 건너 대동강을 거쳐서 평양성을 공격하다가 고구려 군에게 대패했고, 양제가 진두지휘한 육군은 고구려의 요동성을 포위 공격했으나 성공하지 못했다. 이렇게 되자 수나라는 별동대 30만 명을 집결시켜 살수(淸川江)를 건너 평양성 부근까지 깊숙이 쳐들어왔다. 그러나 을지문덕 장군의 유도작전에 걸려들어 수나라 군대가 북쪽으로 퇴각하기 위해서 살수를 반쯤 건넜을 때 고구려 군이 공격을 감행하여 몰살시켰던 사건이 바로 "살수대첩"이다.

조용한 성격의 사람도 바둑을 둘 때는 평소와 정반대로 공격적인 것은 가상전투를 통해서 잠재욕구를 맘껏 분출할 수 있기 때문이다. 더군다나 자기가 궁지에 처했다고 판단될 경우와 이대로 가다가는 그냥 망하겠다고 생각될 때에 극단적인 행동을 하게 되는데, 이때 상대방을 몰살시키려는 작전을 쓴다. 쥐도 궁지에 몰리면 고양이에게 덤빈다고, 바둑에서나 인생살이에서나 마찬가지일 것이다.

요즘 우리나라에서 사회적 이슈가 되고 있는 자살문제는 자기가 스스로의 목숨을 몰살시키는 행동인바, 축구로 따지면 상대방에게 승리를 안겨주는 자살골이요 바둑으로 보면 상대방의 대마를 잡는 게 아니라 자기의 대마를 죽이는 꼴이니 정말 바보같은 짓이다.

“아생연후살타(我生然後殺他)”라고 내가 살고난 뒤에 상대방을 공격해서 죽여야 이길 수 있다는 바둑 명언이 있듯이 상대방의 대마를 몰살시키려 할 때에도 나의 안정을 먼저 살피는 게 인생을 슬기롭게 헤쳐 나아가는 태도인 것 같다.

“춘삼월 고목에도 꽃이 핀다”는 말이 있다. 상대방이 생각할 때는 죽어있는 것처럼 보이지만 중대한 전투가 발생하면 효자 노릇을 할 수 있다는 뜻이다.

이제부터는 박사장과 통화할 때 호칭을 “몰살!”이라고 해야겠다. 즐거운 추억을 오래 간직하는 방법이라고 생각되기 때문이다. 오십대 중반을 지나가고 있는 사람으로서 몰살 전략처럼 삶을 영위할 수는 없기에 바둑에서나 과감하게 도전해 보는 것이다.

문자메시지 예절

옛날 같으면 직장에서 신입사원에게 가르치는 교육 중 "전화예절"이란 과목이 있었다. 그 내용인즉 전화벨이 울리면 아무리 바쁜 일이 있더라도 벨이 3번 울리기 전에 전화를 받아라. 두 번째는 자기의 관등성명(官等姓名, 직급과 이름)을 밝히면서 전화 받으라는 얘기다. 예를 들어 "총무과장 김삿갓입니다." 그리고 세 번째로는 통화를 끝낸 후 상대방이 전화기를 내려놓는 소리를 들은 다음에 내 전화기를 조용히 내려놓으라는 것이고, 네 번째는 찾은 사람이 부재중이거나 다른 사람과 통화중일 때에는 "메모 남겨드릴까요?" 하며 반드시 연락처를 확보하여 메모로써 연결시켜 주라는 얘기이다. 끝으로 내가 전화를 걸 때에는 사전에 얘기 나눌 내용을 종이에 적어 준비해 놓으라는 것이다.

70년대 말이나 80년대 초에 입사한 사람들은 이런 교육내용을 그대로 기억하고 있을 것이다. 그러나 시대가 바뀌고 통신 환경이 상상을 초월할 정도로 빠르게 변하여 핸드폰 중심의 전화문화가 주류를 이루고 있다. 사무실에 유선전화가 있어도 핸드폰 번호로 상대방에게 전화를 걸게 되는데 왜냐하면 사무실에 없거나 다른 부서에서 일하고 있을 것을 대비해서 한번에 직접 통화하려고 그런다.

동창회나 친구모임 또는 동우회 연락사항은 문자메시지를 이용하여 행사계획이나 공지사항을 한번에 많은 사람에게 동시에 보내며 젊은 계층에서는 아예 전화통화보다는 문자메시지를 주고받으며 전화를 대신해 버린다.

그런데 이런 문명의 혜택을 받으며 편리함을 만끽하지만 여기에도 예절이 뒤따라야 한다. 특별한 경우를 제외하고는 최소한 문자메시지로 행사계획을 연락받으면 "잘 받았다. 이상 없이 참석하겠다"는 식으로 답신을 해주어야 연락해 준 상대방에 대한 예의이다. 정기적인 행사는 아니지만 친구지간에도 큰 의미가 없는 문자메시지라도 답신을 보내주는 것이 최소한의 예의를 갖추는 것이라 생각된다.

얘기가 나온 김에 또 하나 언급하고 싶은 것은 내가 상대방에게 전화를 몇 번 걸었는데 받지 않으면 마지막에는 문자메시지로 남겨 놓으면 전화를 못 받았든 또는 받을 수가 없는 입장이었든 간에 상대방은 내가 보낸 문자메시지 내용만 보고도 어떻게 대처해야 될지 미리 감을 잡을 수 있는 방향타 역할을 해 주는 것이니 얼마나 합리적인가.

이 모든 행동이 상대방 입장에서 생각해 보는 배려이며 상대방과 나의 기분을 어긋나게 하지 않는 공통의 최소한의 기본예절이라고 생각된다. 그래서 문자메시지를 받고도 습관적으로 묵묵부답하는 사람은 이기주의자라고 비판받아 마땅하다고 생각된다. 왜냐하면 상대방의 입장은 생각하지 않고 자기 편의에 따라 대응하기 때문이리라.

미치고 싶다

지하 3층 주차장에서 삼십대 후반으로 보이는 젊은 남자가 엘리베이터가 도착한지도 모르고 맨손으로 골프 스윙연습을 하고 있다가 문이 열리자 나를 보고는 멋쩍은 표정으로 엘리베이터에 올라탄다.

"나도 골프에 미쳤을 때 저랬었는데…" 하며 과거의 나의 모습을 떠올리게 되었다.

엊그제 오후 무주에서 대학 1학년생들에게 특강을 할 적에도 "미쳐야 남는다"고 강조했었던 기억이 내 머릿속을 스쳐 지나갔다. 어디에 미친다는 건 거기에 빠져든다는 뜻으로 처음엔 두려움 반 기대 반으로 새로운 것을 시작했다가 점차 재미가 붙으면 거기에 점점 몰입되어 그 과정에서 실력도 향상되고 몸에 배어 평생 자기 것이 된다.

옛날에 내가 태어나서 자란 삼각지에는 노름에 미쳐 패가망

신한 아저씨가 있었다. 내 기억으로는 이 아저씨는 밤에는 화투로, 낮에는 술로 소일했다. 가족들은 창피해서 동네에서 얼굴을 들고 다니질 못했고 본인은 손가락질을 당하며 살았다. 이 경우는 절대로 하지 말아야 될 일에 미친 사례이다. 그러나 학업이나 발명분야, 회사의 업무, 어떤 종목의 운동이나 취미생활, 음악, 미술, 연기 등등 정상적인 분야에서는 미쳐야만 전문가 반열에 오를 수 있다. 남들이 하는 평범한 수준으로는 절대로 전문가로서 평가 받을 수 없는 것이다.

공부를 잘하는 학생에게 물어보면 공부가 재미있어 한단다. 부모님 성화에 못 이겨 마지못해 공부하는 학생과는 본질적으로 출발이 다르다. 전자는 능동적으로 공부하기에 흥미를 느끼는 것이고 후자의 경우에는 피동적이어서 능률이 오르지 않는다. 골프도 자기가 하고 싶어 할 때 실력이 향상되는 것이고 등산도 스스로 하면 운동이요 억지로 하면 노동이 된다.

본인의 호기심이든 주위 사람의 권유든 상관없이 일단 시작해서 재미를 느끼다 보면 남보다 더 잘하고 싶은 욕망이 생기고 여기에 미치면 다방면으로 철저한 노력을 경주하게 된다.

나는 이 나이에도 미치고 싶은 게 많다. 솔직하게 말해서 배우고 도전하고 싶은 것들이 많다. 하모니카와 기타 연주, 황토방 집짓기, 자전거 타고 전국일주, 요가, 유머강사, 웃음 치료사, 컨설턴트, 식당 지배인, 대학교수, 지자체 자문, 젊은 사람에 대한 인생 상담, 새로운 외국어 배우기….

그러나 일상생활이 바쁘다는 핑계로, 어떤 계기가 없어서, 경제적인 이유로, 지금 하는 것도 너무 많아서 등등으로 시작 못하고 있다. 집사람이나 주변의 아는 사람들은 "욕심도 많다", "정말 의식만은 젊게 산다"는 식으로 나를 평가하고 있지만 시작도 못하고 있는 나의 현실에 늘 아쉬움이 많은 게 사실이다.

"구르는 돌에는 이끼가 끼지 않는다"고 지속적인 노력을 통해 어떤 분야에 미쳤을 때 비로소 자기 것이 되고 이름을 남길 수 있다. 모든 게 미쳐야 남는다. 좋아하거나 하고 싶은 일에 미쳐보자!

변해버린 세상

12월 두 번째 일요일 아침, 열 시 반에 예식이 있어 집사람과 함께하는 일요 아침산행을 생략한 채 신답역을 어떻게 가야 하나 고민하던 중, 신세대인 딸아이를 깨워 자문을 구했다. 딸과 집사람의 합동컨설팅 결과인즉 과천에서 사당역까지는 지하철 환승이 되니까 시내버스를 타고 가고 사당역에서는 잠실행 지하철 2호선을 타고 성수역에서 내리란다. 그리고는 성수역에서 하차해서 예식장이 있는 신답역 가는 지하철로 갈아타란다.

이젠 서울 태생인 내가 서울시내 가는 것도 혼자의 상식으로는 바로 설계가 안 된다. 버스를 타고 빈자리에 앉아서 버스기사 쪽으로 바라보니 동전 거스름 기계가 사람 키의 절반만 한 높이로 기사 우측에 장착되어 있다. 대부분의 승객이 카드로 요금을 결제하는 세상으로 변했으니 저기 있는 동전 거스름 기계를 만들어 파는 중소기업은 또 다른 품목을 개발해야 살아남겠구나 하는 생각이 내 머리를 스치고 지나간다. 요즘 세상은 상상도 못할 속도로 바뀌어 가고 있는 것이다. 내가 이러한 새로운 문화에 적응하는 속도는 딸아이 세대랑 비교할 때 아무래도 더디고 부자연스럽다. 그래서 나 같은 세대가 즐겨 찾는 것이 세월이 지나도 변하지 않는 것들이다. 등산, 골프, 바둑 같은 것 말이다.

우리나라가 이제는 세계무역대국으로 자리 잡은 터라 가끔씩 외국에 나가 봐도 우리만큼 시설이 고급인 곳은 흔하지 않다. IT강국에 무역선진국의 국민으로서 늘 우월감을 느끼게 해준다. 그러나 이런 나라에 살면서 점점 새로운 환경에 적응이 늦어지거나 아예 적응을 못해서 새로운 문화를 기피하게 되는 것은 세상이 너무나도 빠르게 변하고 있고 또한 나 자신이 그걸 빨리 습득하고자 하는 노력과 의식 그리고 자신감이 부족하기 때문이리라. 모임에 나가 봐도 이젠 40대 전후의 후배들이 주축을 이루어 그네들의 사고방식으로 꾸려나가는 걸 보면서 내가 할 역할은 언제나 뒷말 달지 않고 "수고 많네!" 하면서 마음적으로 협력하며 따르는 길밖에 없다고 생각하는 것도 사실은 세상이 너무 급하게 변해 버려 그 속도에 따라가지 못해서 그럴 것이다.

집 안팎에서 젊은 사람들에게 물어보고 배우며 신문화에 적응하려 노력하고 있지만 그래도 우리 세대의 가장 큰 자산은 삶에 대한 경험이다. 이 자산을 자식들이나 후배들에게 늘 넘겨주려 애쓰고 있지만 그들은 우리 세대의 소중한 유산을 잘 받아들이려고 하지 않는 것 같다. 잘못 얘기하면 잔소리라고 느낄까 염려되어 해주고 싶은 말도 눈치를 보며 의식적으로 절제하게 된다.

평균수명이 계속 늘어나는 추세이므로 나도 이젠 새로운 문화를 그때그때 배워야만 남은 여생을 불편하지 않게 살 수 있겠다는 생각을 해본다. 그래서 신식문화도 배우고 구식경험도 유지 보존하며 접목해서 살아가는 것이 현명할 것이다.

예식장에서 돌아올 때 신답역에서 칠십이 넘어 보이는 할머니가 행선지를 물어보실 때 나는 얼른 수첩을 꺼내 찾아보고 어떻게 가시라고 알려드리면서 나도 아주 구세대는 아니라는 걸 느꼈다.

대통령 선거를 얼마 안 남기고 벽보가 길거리에 붙어 있다. 버스를 기다리면서 처음으로 읽어보니 후보 12명 모두가 사실은 신세대가 아니었다. 대부분의 결혼식장에서도 50대와 60대가 하객의 주류인 것처럼….

보약 한 첩

"좋은 하루 되세요! 아름다운 주말이 다가오는 소리가 들립니다." 핸드폰으로 문자메시지를 이용해서 이런 목소리를 보자. 옛날 어릴 적에 우리네 부모님은 몸이 약한 자식을 위해 어려운 살림 속에서도 한의원에 가서 "용"이라는 값 비싼 보약을 지어 먹이셨다. 상대방에게 기분 좋은 문자메시지를 보내거나 웃음을 자아내는 헛소리를 하거나 유머가 넘치는 제스처는 현대사회에서 보약이다.

이야기 부자로서 끊임없이 재미있는 소재거리를 꺼내 놓는 사람, 이런 사람이 되려면 당연히 많은 사람을 만나고 많은 활동을 하면서 새로운 세계를 접해야 가능하다. 어떤 사람은 일부러 유머 공부를 해서 많은 사람에게 웃음과 행복한 시간을 제공하기도 한다. 긍정적인 사람은 뭐든 좋게 생각하는 경향을 가지고 있다. 누구를 만나든 좋은 기회, 좋은 자리, 좋은 인연이라고 생각하며 살아가기에 주위 사람들이 많이 꼬이게 마련이다. 즉, 부익부 현상이 발생한다. 사람을 만나는 걸 꺼리기 시작하면 빈익빈 현상이 찾아들어 이야깃거리가 점점 축소된다. 친구도 오랜만에 보면 이야깃거리가 적어진다. 마치 고무풍선이 그냥 놔두면 시간이 흐름에 따라 바람이 빠져 볼품이 없듯이 말이다. 부정적 시각을 갖게 되면 자꾸 풍선의 바람이 빠지게 되며 이를 채워 넣으려는 의지도 없어지게 된다.

보약은 내가 먹어도 좋고 남을 먹여도 행복한 것이다. 나의 긍정적인 사고는 보약이 되고 이런 분위기를 남에게 전파하는 행동은 보약을 선물하는 효과가 있다. 웃음이 많은 사람과 만나는 사람은 덩달아 웃게 되어 보약의 효과가 전달되지만 웃음을 잃어버린 사람과 만나는 사람은 혼자만 웃을 수 없는 분위기가 되어 만남의 결과가 독이 된다. 그래서 만나면 기분 좋은 사람과 만나려고 하는 게 인간의 속성이다.

내가 평상시 나도 모르게 자주 쓰는 보약은 “야! 이게 누구야? 보고 싶은 얼굴이네!”, “아름다운 밤을 위하여!”, “행복전도사 이기수입니다!” 등등 상대방의 기분을 좋게 만드는 말 한마디씩이다. 사람은 누구나 보약을 가지고 있다. 그러나 그 보약을 남에게 전달해 주거나 나누어 주려고 의식적으로 노력하는 사람은 그리 많지 않다. 그저 보약만 받아먹는 수동적 인간이 많을 뿐이다. 내가 행복하다고 생각하고 살면 상대방에게도 이를 전파할 수 있다. 그러나 내가 늘 불행하다고 생각하면 행복이라는 보약을 공급해줄 수 없다.

오랜만에 만난 친구에게 "너, 왜 얼굴이 그러냐?"라고 인사를 건네면 그 사람은 머릿속으로 자기 자신의 요즘 근황을 나쁜 것부터 찾기 시작하게 된다. 그러나 "야! 너 얼굴색 좋다"라고 하면 상대방은 기분 좋았던 일만 그리기 시작해서 대화의 분위기가 훨씬 업그레이드되어 모두가 기분 좋은 자리가 된다.

인생은 자기의 현재 상태를 스스로 어떻게 평가하느냐에 따라 180도 달라진다. 같은 현상을 놓고도 "야! 아직 많이 남았네" 하는 것과 "벌써 다 없어졌네" 하는 시각의 차이에 따라 행복한 사람과 불행한 사람, 잘 나가는 사람과 뭐든지 꼬이는 사람으로 분류된다. 보약은 용기를 잃은 사람에게도 "너는 할 수 있어! 여태까지 잘 해왔잖아!" 하면서 다시 한 번 자신감을 불어 넣어 준다. 상대방에게 지속적인 신뢰를 보내는 것도 보약이다. 이처럼 보약은 한의원에서 구입할 수 있는 게 아니라 누구나가 다 마음만 먹으면 만들 수 있는 것이다.

"당신에게 오늘도 보약 한 첩을 드립니다."

봄비

어제 저녁 늦게까지 술 약속이 있어 전화도 열어보지 못했던 탓에 오늘 아침 집을 나서면서 확인해 보니 부재중 전화가 표시되어 있음을 알게 되었다. 오늘 등산 약속을 했던 친구의 전화였다. 봄비가 주룩주룩 내리고 있어도 나는 웬만하면 산에 오를 생각이어서 등산복장으로 나왔기에 그 친구에게 전화를 걸어서 오는 중이냐고 물어보았다. 아직 아침 활동을 개시하지 않았는지 탁 트이지 못한 목소리로 "이렇게 비가 오는데 등산은 무슨 등산이냐"라며 다음번으로 미루자고 해서 그 친구 의견에 오케이했다.

사실 나는 등산은 매개체이고 사람 얼굴을 볼 수 있다는 것에 더 의미가 있다고 늘 생각해 오던 터라 날씨와 무관하게 등산약속을 했으면 등산복으로 나간다. 내가 어제 저녁에 전화 오는 것도 모르고 술좌석에 열중한 것도 사람과 사람의 만남에 의한 대화 속으로 빠져들었기 때문이다. 오늘 아침의 봄비도 대지와 만나기 위해 하늘에서 내려오면서 목마른 나무에도 뿌려주고 먼지 쌓인 지붕도 봄 청소를 해주며 먼지 나는 등산길을 촉촉하고 부드럽게 만들어 주며 아래로 흘러 흘러 계곡으로 저수지로 하천으로 친구가 시키는 대로 움직일 것이다. 어떻게 보면 내가 마시는 술과 대지를 적셔주는 봄비는 갈증을 해소시켜 주는 데 일익을 담당하는 면에서는 같은 역할을 한다고 생각할 수 있다. 나를 찾는 상대방에게 대화의 목마름을 해결하는 매개체로는 역시 "술"이 가장 적합할 것 같다. 오늘 아침의 봄비도 비록 내 친구와의 등산은 막았지만 자기만을 쳐다보고 사는 대지 위의 모든 친구들에게 소중한 대화의 기회를 제공해 주는 것이다. 만약 비가 오지 않는 곳에 우리가 살고 있다면 친구와의 만남도 없이 칩거생활 비슷하게 나이만 먹어가며 늙어갈 것이다.

어제 저녁 셋이 만난 술좌석에서는 노후대책의 하나로 전원주택 후보지에 대한 얘기도 오갔다. 나는 아무리 공기 좋고 물 맑은 곳이라도 사람 만나기가 어렵다면 "No"이다. 비도 대지 위의 만물을 만날 때 빛을 발하듯이 우리의 거주지역도 친구를 쉽게 만날 수 있어야 삶의 질을 높일 수 있다고 본다. 아무리 좋은 곳에서 유유히 흐르는 강물을 보고 살 수 있어도 아무도 찾아올 사람이 없다면 무슨 의미를 부여하겠는가.

봄비 내리는 날의 막걸리

"쌀과 누룩으로 빚어 막 걸러낸다"라고 해서 붙여진 이름 "막걸리". 마구 쭈그러진 노란 양은주전자에 담긴 막걸리를 숨도 쉬지 않고 한 사발 들이키면 시원한 맛에 속이 다 후련해진다. 누가 나보고 무슨 술로 하겠냐고 선택권을 준다면 나는 스스럼없이 막걸리 한잔 하자고 말할 것이다. 그러나 술이라는 음식은 내 기분에 맞추어 고르는 것이 아니라 상대방을 배려하는 것이 중요하기 때문에 그네들이 먹자는 대로 따를 수밖에 없어 조금은 서운하다. 하지만 그래도 같이 자리를 할 수 있는 술친구나 술손님이 있다는 자체가 워낙 좋아서 막걸리냐 소주냐 하는 선택의 문제는 일순간 잊고 이내 술좌석의 분위기에 빠져들며 맛있게 얘기를 나눈다.

봄비 오는 토요일 오전에 혼자 있는 친구에게 전화를 건다. 그 친구는 이미 다른 친구들과 해장술로 막걸리를 한잔 하고 있었다. 전날부터 나를 찾았단다. 내가 복이 있는지 없는지 어제 연결이 되지 않아 지금 그 자리에 같이할 수 없었단다. 그 자리에 같이 있는 친구들과 돌아가며 안부 인사를 나눈 후 며칠 후에 보기로 약속하고 통화를 끝냈지만 내 마음과 그 친구들 마음은 대동소이하다는 생각이 들었다.

비가 오는 날 누군가와 함께 얘기를 나누며 어울릴 수 있는 매개체가 바로 막걸리라는 생각이 일체감을 느끼게 한다.

나는 또 비가 올 때 혼자 있는 경우에 글을 자주 쓰는 편이다. 비가 나의 마음을 자극하고 혼자 있는 조용한 분위기로 인해 글과 대화를 나눌 수 있기 때문이다. 식구들과 함께 여행이나 나들이를 하면서 얻은 소중한 자산이 있다. 바로 소풍가는 분위기를 통해 이야기를 나누게 된다는 것이다. 그러면서 요즘 어떤 생각을 갖고 있는지 얼마만큼 성숙했는지 등등을 자연스럽게 알게 된다. 아마 비 오는 날 막걸리 생각이 나는 것은 그 막걸리를 매개체로 해서 대화의 꽃을 피우고 싶어서 그럴 것이다.

요즘 신문이나 TV에서 사회 은퇴 후의 생활계획을 많이 소개하고 있다. 나도 관심 있게 보고 있지만 내 생각에는 해외로 이주하여 노후 생활을 할 경우에 가장 애로로 느끼게 될 것은 보나마나 아무 때나 생각날 때마다 막걸리 한잔 할 친구가 가까이에 없다는 아쉬움일 것이다. 사실 옛날에는 김치 한 조각만 있어도 막걸리는 쉽게 먹을 수 있는 술이었다. 그러나 세상이 각박해지고 체면치레 때문에 소위 민속주점이란 곳을 찾아야 막걸리를 시킬 수 있고 그에 따른 안주 또한 만만치 않게 비싼 편이 되었다. 또 한편으로 복부 비만의 두려움 때문에 양이 많은 막걸리를 피하고 소주를 먹자고 하는 사람이 많아진 것 같다. 의학 상식적으로 정확한 근거가 있는 얘기인지 모르겠지만 내 주변에서 느끼는 분위기가 그렇다는 얘기다. 한 달에 두어 번 홍이 나서 절로 얘기가 넘쳐나게 만드는 분위기 메이커 막걸리도 혼자 먹는다면 좌우지간 이건 아니다라는 생각이 나의 진심이다. 막걸리도 안주와 어울려야 하듯이 같이하는 친구도 어울려야 하며 그 속에서 느끼는 분위기도 어울려야 격이 없는 술좌석이 된다. 시원한 막걸리, 참 좋은 술이다.

비에 젖은 종이박스

9월의 첫 토요일, 하늘은 잔뜩 흐리고 비는 부슬부슬 내리고 있다. 비가 오나 눈이 오나 매월 첫 번째 토요일 아침 10시에는 아무 조건 없이 만나게 되어 있는 "처음처럼" 산악회의 전통에 따라 내일 떠나는 아제르바이잔 여행을 하기 전에 좀 정리할 일이 있어 일찍 집을 나섰다. 마음 한편에서는 이따가 비가 많이 오게 되면 내일 장거리 여행도 떠나야 하니 오늘은 산에 오르지 말고 산 밑에 있는 빈대떡 집에나 가서 막걸리나 한잔 하며 구수한 얘기로 꽃을 피우고 싶다는 생각도 자리 잡고 있었다. 또 한편으로는 옷이 젖더라도 계획대로 등산하는 것이 또 다른 운치가 있지 않을까 하는 느낌도 병존했다.

그런 생각에 잠기어 운전을 하고 가는데 칠십 가까이 보이는 노인양반이 리어카에 종이박스를 잔뜩 싣고 길을 건너려고 좌우를 살피는 모습이 눈에 들어왔다. 몸도 불편해 보이는데 이런 날씨에 이 시간에 우산도 없이 목구멍에 풀칠하려고 안간힘을 쓰고 살아간다는 느낌에 "저 노인의 자식들은 뭐하는 사람들일까? 저 노인은 사오십 대에 어떻게 살았을까? 그리고 자식들에게 어떻게 하며 살아왔을까?" 하는 의문이 돌았다.

나는 곧바로 마음속으로 추리 소설을 쓰기 시작했다. 저 노인양반도 한참 젊었을 때는 먹을 것도 입을 것도 마실 것도 아끼며 자식들 뒷바라지에 우선했을 것이다. 그런데 자식들이 커서 시집, 장가가서는 지들 생활이 힘들고 자식 키우기에도 바쁘다고 형제자매지간에 서로 미루며 어느 한 놈 부모님 노후를 신경 쓰지 않았을 것이다. 그래서 사회에서 은퇴하고 나서 벌이도 없고 아픈데도 많아 어쩔 수 없이 사는 날까지 살아야 하니까 끼니라도 거르지 않으려면 라면 값이라도 벌어야 하니 거리로 나선 것이다. 거리에 나서 보니 그래도 쉬운 게 종이박스 주워서 내다 팔며 최악의 삶이라도 유지하려는 것일 게다.

물론 자식들도 요즘 사회생활이 옛날 같지 않아 본인의 의지대로 안 되니 직장에서 잘리어 노는 사람도 있을 거고 이혼당한 사람도 있을 거다. 모든 게 내 탓이고 내 팔자라고 생각해 버리면 자식들을 원망할 것도 없지만 그래도 과거는 과거이고 지금은 지금인데 젊은 놈들이 늙은 노인 한 분 봉양 못한다니 세상에 말이 되는가.

빗속의 가든파티

며칠간 하늘이 구멍 난 것처럼 퍼붓던 장맛비가 토요일 아침 10시 우리의 등산 월례 모임을 위하여 잠시 휴식을 취하는 듯하였다. 우리는 등산모임 김총무의 문자메시지 "비가 와도 갑니다"라는 지침에 따라 과천 뉴코아 백화점 앞에 다들 모였다. 나는 어제 이교수에게 "내일은 농장에서 고기를 구워 먹을 겁니다"라고 이미 통보했기에 청계산에 오르기 전에 김총무에게 삼겹살과 소주, 맥주, 라면, 부탄가스를 준비하자고 말했다. 김치와 깻잎은 집사람이 내 배낭에 넣어 주었기에 나머지만 사 가자고 했던 것이다.

10시 반이 되어 홍천으로 미팅 간다는 안총장만 빼고 우리 일행은 김총무가 가지고 온 봉고버스에 수박 한 덩이까지 포함해서 준비물 모두를 싣고 우리의 휴식처인 일명 "과천 청계 농장"으로 향했다. 이 농장은 청계산 초입에 자리하고 있어 5분

정도 거리였다. 이 농장에 도착하니 옆 농장 주인인 이교수의 선배가 막걸리를 한잔 하며 앉아있어 반가운 인사를 나누고 차에 싣고 온 준비물을 평상 위에 올려놓고 수박과 집에서 가져온 백포도주 한 병은 물 속에 넣었다. 그리고 옆 농장 주인이 권하는 막걸리 한 잔씩을 강제로 들이켜고 지체 없이 과천 매봉으로 향했다. 연일 내린 비로 계곡은 힘이 넘치게 콸콸콸콸 흘러 내렸다. 언제나 같은 느낌이지만 비 온 다음의 산행은 이런 게 진짜 제맛이었다.

10분 정도 올라가니 약수터와 간이 체력단련장이 나왔고 바로 옆에 있는 정자에서는 애기 엄마들이 일찌감치 아이들을 데리고 와서 자연학습을 하고 있었다. 습도가 워낙 높아 우리 일행은 잠시 휴식을 취하며 물과 과일을 나누어 먹으면서 배낭 무게 줄이기에 들어갔다. 우측 코스는 정상에 다다르기 직전에 거의 수직에 가까운 계단이 있어 깔딱 고개였지만 반대편 좌측 코스보다는 좋았다. 왜냐하면 좌측으로 올랐다가 우측으로 내려오게 되면 무릎이 아파 아예 올라갈 때 힘든 게 낫다고들 생각해서 우측을 등정코스로 하고 좌측을 하산코스로 선택했기 때문이다. 우리네 삶도 젊었을 때 고생하고 늙어서 편해야 좋은 것처럼 말이다.

몇 분을 지체하다가 다시 봉우리를 향해 오르기 시작했는데 40대의 김총무 속도와 50대의 나머지 사람 속도는 금방 거리가 벌어졌다. 깔딱 고개에 이르기 전에 다시 한번 물 한 모금 먹자는 핑계로 선 채로 잠시 휴식을 취했다.

요즘 가뜩이나 배가 나와 힘든 판국이어서 나는 항상 후미로 처졌다. 내 뒤에는 성교수가 따라오고 있어 그나마 위안은 되었지만 힘든 건 마찬가지였다. 등산할 때마다 느끼는 것이지만 후미로 따라갈 때는 선두에 나설 때보다 힘이 몇 배가 더 들었다. 안총장이 동행했다면 후미는 항상 그 양반 몫인데….

숨을 헉헉거리며 수백 개의 계단을 이겨내고 선두가 기다리고 있는 매봉에 도착하니 동료들 얼굴이 보였다. 그러면서 "오늘도 성공했다"는 기쁨을 맛보았다. 남들이 볼 때는 우습고 조그마한 목표라도 일단 달성하고 나면 성취감을 느끼는 게 등산의 묘미인 것 같다. 그래서 똑같은 산, 똑같은 코스를 반복해서 다니는지도 모르겠다.

비구름이 꽉 차서 과천시내는 보이지 않았지만 순간적으로 동해바다 같다는 착각을 일으킬 정도였다. 물 한 모금 먹고 나서 하산길에 들어섰는데 이교수가 치과 갔다가 온다는 시간에 맞추기 위해서 일부러 멀리 돌아가는 코스를 선택했다. 그리고 그 쪽으로 내려가면 곧바로 산상카페인 막걸리 파는 곳이 있어서 목도 축일 겸 그리로 향하게 되었다.

그러나 비가 또 올 거라고 생각했는지 주막은 열려 있지 않았다. 약간은 섭섭했지만 또 한 군데가 있어 쉬지 않고 가다 보니 부부가 함께 운영하는 주막은 장사를 하고 있었다. 우리 일행은 반가운 목소리로 "여기, 막걸리 좀 주세요!"라고 했더니 "어서 오세요!"하며 반갑게 맞아주어 한 잔씩 들이켰다. 김교수는 이 산에 올 때마다 부인과 함께 이곳에서 막걸리 한잔을 꼭 마신다고 했다.

이미 팬티까지 젖어있는 나는 얼른 계산해 버리고 빨리 내려가자고 독촉했다. 올라올 때 이미 힘든 고생은 다했기에 내려가는 길은 편안했다. 약 400평의 산자락 밭에 각종 채소를 다양하게 기르고 있는 농장에 도착하니 이교수는 이미 와서 기다리고 있었다.

시장기가 돌아 우리 일행 모두가 나서서 식사준비에 들어갔다. 김교수는 숯불구이 판을 준비하고, 이교수는 밭에서 상추랑 깻잎을 따오고, 김총무는 그릇을 준비하고, 성교수는 흐르는 물에 채소를 씻는 등 모두가 바쁘게 움직였다. 이 사이에 장맛비는 하염없이 내리고 잘 구워진 숯불구이 삼겹살이 식탁에 오르니 상추에 고기 한 점과 김치 한 조각, 마늘 한 쪽을 싸서 소주 한잔과 함께 입에 넣으니 재벌그룹 총수가 부럽지 않았다.

천막 아래서 비가 오는 하늘을 배경으로 청계산은 병풍이 되어주고 농장은 사랑방이 되어 좋아하는 사람들과 함께하니 이보다 더 행복할 수는 없는 것 같았다.

늘 그렇듯이 "산행은 간단하게, 애프터 미팅은 늘어지게" 하는 "처음처럼" 산악회는 만날 때마다 웃음꽃이 만발하고 헤어지기를 아쉬워하지만 "빗속의 가든파티"는 더욱더 우리 모두의 가슴속에 오래오래 추억으로 자리 잡고 있을 거라고 느껴졌다.

빙부모상

80년대 초만 하더라도 장인장모가 돌아가시면 회사의 인사규정에 휴가가 없었다. 그러나 88년도 남녀 고용평등법이 제정·시행되고 나서인지는 몰라도 이젠 빙부모는 친부모와 동격으로 예우하지 않으면 안 되는 시대가 되었다.

D대학의 이교수가 3월 3일 일요일 삼겹살데이에 그의 과천 청계농장에서 만났을 때 막걸리를 먹으면서 하던 말 중에 장인어른 상을 당했을 때 마나님이 "당신은 왜 친구들한테도 조화가 오지 않느냐?"는 질문에 잠시 충격을 받아 절친한 친구 일곱에게만 연락을 취하여 체면을 유지한 적이 있다는 얘기였다. 나는 본인의 고루한 판단에 의해서만 빙부모상을 부고할 게 아니라 시대의 추세에 따라 처신함이 맞는 행동이라고 반박했다.

거기 같이 자리했던 안총장은 내 의견에 전적으로 동감했으나 성교수는 자기는 빙부모상을 당해도 선별적으로 연락할 것이라고 의견을 피력했다. 사실 우리 때는 빙부모상은 쉬쉬 하면서 규정외적으로 대응했었다. 그러나 요즘 사회는 그랬다가는 마누라한테 큰코다칠 게 뻔하다. 왜냐하면 “당신 부모만 부모냐” 하면서 불만이 크고 오래갈 것이 뻔하기 때문이다. 나도 이제 얼마 안 있으면 자식을 시집장가 보낼 입장이지만 우리세대 같은 고루한 생각을 가지고 처신한다면 부모 입장에서도 불만이 커질 것 같다. 왜냐하면 시대도 변했고 우리 자식들의 의식은 우리와 절대로 같지 않으리라 생각되기 때문이다.

청계산 과천 매봉을 다녀오면서 이교수 농장에서 삼겹살과 막걸리, 소주를 오랜 시간 같이 마셨지만 시대의 변화는 우리를 바뀌게 만들었다는 생각이 나의 머리를 지배했다. 이런 기회에 나도 의식을 바꾸어 아는 사람이 빙부모상을 당했을 때 그의 부인 입장에서 생각하여 적극적으로 행동함이 나의 딸을 위해서도 바람직할 것이라는 느낌을 강하게 받았다. 대세를 거스를 수 없는 게 우리네 삶인 모양이다.

사람과 사람

요즘 각 정당별로 지역구 국회의원 공천문제 때문에 시끌벅적하다. 전략적 공천이니 뭐니 해서 그 출마 예정 지역에 거주하지도 않는 후보를 배정하여 그 지역 현역의원과 한판 붙도록 해놓은 것이다. 그러다 보니 급히 굴러들어온 돌은 박힌 돌을 빼내기 위해서 생전 다니지도 않던 동네 구석구석을 훑으며 얼굴 익히기에 안간힘을 쓴다. 반대로 박힌 돌은 굴러들어온 돌에게 텃밭을 뺏기지 않으려고 그 지역 유권자들에게 본인이 터줏대감임을 인각시키기 위해 시간을 쪼개어 발걸음을 재촉하게 된다. 이런 현상을 보면서 세상살이는 다 마찬가지라는 걸 느끼게 된다.

사업을 하거나 직장생활을 하면서 관련되는 사람을 처음 만나게 되면 대부분의 사람들은 비즈니스가 이루어지는 동안에는 정성을 다하지만 그 이후에는 만나는 횟수나 전화 거는 빈도가 점점 줄어들게 되어 급기야는 기억에서 멀어져 간다. 그래서 이런 부류의 사람들을 일이 있을 때만 찾는 철새족이라고 부른다. 즉, 자기가 필요할 때만 사람을 찾고 일이 끝나면 관심 밖이 되어 버린다는 것이다.

언젠가 옛 직장에서 같이 근무하시던 나보다 연장자이신 분한테 아주 오랜만에 전화가 걸려왔다. 통화 내용인즉 사무실이나 집주소를 알려달라는 것이었다. 얼마 후에 결혼시킬 큰딸의 청첩장을 보낼 목적이었다. 그래서 나는 반가운 마음에 결혼식에 참석하여 인사도 나누고 축하도 해드렸다. 그 이후 다시는 전화가 걸려오지 않았다. 그때 나는 씁쓸한 심정이었지만 생면부지의 모르는 사람도 돕는데 한때 같이 근무했던 분에게 몸보시하는 것이 얼마나 좋은 일이냐고 생각하며 내 자신에게 이해를 구했다.

나는 늘 친구나 후배들에게 강조한다. 어떤 사람이든 새롭게 만나는 것은 큰 인연이요 소중한 자산이므로 이 소중한 자산을 한번 쓰고 버리려고 생각 말고 계속해서 활용할 수 있도록 인간관계를 돈독히 하라고. 일이 있을 때만 그 사람을 찾지 말고 평소에 아무런 일이 없을 때도 자주 만나서 내 사람을 만들어 놓으라고. 그러면 필요할 때 그 사람이 자기 일처럼 도와주게 된다고. 그래서 모임이나 단체, 기업조직의 구성원으로 있으면서 매사를 비즈니스 차원에서 머무르지 말고 아주 절친한 관계로 승화시키려는 의식과 행동이 배가 되어야 한다고 굳게 믿는 바이다.

어느 조직에서나 인간관계 즉 "사람과 사람 사이의 관계"라는 것은 자기 자신의 노력의 정도에 따라 형제지간처럼 평생을 서로 도우며 살고 싶은 사이가 될 수도 있고 그냥 형식적으로만 알고 지낼 수도 있는 것이다. 요즘같이 골프가 대중화되어 있는 시대에서 두세 번을 같이 라운딩하자고 제의했는데도 노상 바쁘다는 핑계로 참석을 거절하게 되면 웬만한 사람이라면 다시는 연락을 하지 않게 될 것이다. 왜냐하면 요즘 그 친구의 형편이 어려워서 그렇겠지 또는 다른 부류의 사람들과 어울리는 걸 우선한다는 판단이 들기 때문이다.

인간관계라는 게 아주 상대적인 현상이기에 내가 먼저 시간이나 돈이나 마음을 베풀어야만 상대방도 동화되어 점점 더 끈끈한 사이가 되는 법이다. 자기희생 없이 받기만 하려는 사람에게는 주변 사람들이 꼬이지 않는 게 세상살이의 이치이다. 이 세상에 받아서 싫어하는 사람 없고 주기만 좋아하는 사람도 그리 많지 않으리라. 그래서 서로 주고받고 오가는 정 속에서 속 깊은 사랑의 마음이 싹 튼다고 본다.

이제 이 나라 정치인도 인간관계를 형성하는 데 있어 자기 필요한 때만 일방적으로 받으려고 하는 얌체 의식에서 벗어나야 한다. 항상 상대방에게 양심적이고 감사할 줄 아는 인간이 되는 게 우선이다. 하물며 민의를 대변할 지도자가 철새처럼 행동한다면 대다수의 보통사람보다도 모자라지 않을까 생각된다.

다른 사람과 더불어 살아갈 수밖에 없는 우리네 인간에게 또한 가지 중요한 것이 있다면 그것은 다름 아닌 세월이라는 효소(酵素)가 아닌가 싶다. 오래 묵은 장맛이 뭔가 달라도 다르듯이 오랫동안 사귄 인간관계가 더 깊은 맛을 더할 수 있다는 생각이다. 나는 서로가 존중하고 배려하는 마음 위에 세월이라는 강화제를 접착하게 되면 가장 바람직한 사람과 사람 사이가 된다고 굳게 믿으며 살아가고 있다. 그래서 며느리를 보든 직원을 뽑든 한번 인연을 맺게 되면 끝까지 가자는 게 나의 철학이다.

처음부터 구관은 없다. 신관이 오래되어 구관이 되고 명관의 역할도 기대할 수 있게 되는 게 아닌가. 이제부터라도 내 주변의 지인을 모두 명관으로 만들어 보겠다는 목표를 세워보자.

사랑을 주고 싶은 아들에게!

오늘 너는 두 번째 군대를 간다고 아빠는 생각한다. 1년 동안 집을 떠나 미래의 삶의 질을 높이려고 스스로 찾아 나선 우리 아들은 언제나 그랬듯이 성공적으로 임무를 수행하고 돌아오리라 믿는다.

아빠가 지금까지 살아보니까 "젊어서 고생은 돈을 주고 사서라도 한다"는 옛 어른들의 말씀이 하나도 틀림이 없다는 생각을 갖게 된단다. 사람은 양면성을 늘 함께 갖고 있어서 공부해야 할 때는 놀고 싶은 마음이 대립되고, 놀 때는 놀면서도 내가 뭘 해야 되는데 하는 걱정을 갖게 된다. 그래서 성공한 사람들을 보면 이 양면성 중에 한 가지를 과감하게 포기하여 노력에 정진한 후 이 다음에 포기했던 걸 찾아 즐기게 된다.

쉬운 얘기로 2008년 1년 동안 뉴질랜드에서 절제된 생활을 통해 실력을 확실히 기르게 되면 그 실력은 네 자산이 되어 평생 써먹을 수 있는 것이고 이 자산을 통해 생긴 여유를 조금 나중에 즐기는 것이 삶의 질을 높이는 방법이란다. 남과 똑같이 잘 것 다 자고 놀 것 다 놀고서는 경쟁에서 이길 수 있는 확률은 없어진다는 얘기다.

행운은 "진인사대천명(盡人事待天命)" 즉 사람이 할 수 있는 노력을 다한 후에 하늘의 뜻에 따라 결과를 기다리면 찾아오는 거란다. 항상 긍정적 사고를 갖고 "나는 할 수 있다"라는 마음으로 매일매일 자기최면을 걸어 봐라. 반드시 실현된다.

아빠는 이 사실을 직접 경험했으며 지금도 믿고 있다. 그래서 어떤 일을 고민할 때도 자신 있게 대시할 수 있는 자신감이 있단다. 20대의 1년은 40대의 2년에 해당되는 소중한 시기이고 지금의 노력이 나중에 너의 수준을 자리매김하게 하는 중요한 역할을 하게 된다. 건강은 아무리 강조해도 지나치지 않는다. 부디 건강을 최우선으로 하는 규칙적 생활과 "수불석권(手不釋券, 손에서 책을 떼지 않는 습관)"을 통해 큰 발전이 있기를 바란다.

사십구재

말도 해야 늘고 사람도 자주 만나야 스스럼이 없어지고 친해지는 것이다. 어쩌다 말하려면 쑥스럽고 오랜만에 만나려면 어색하고 계면쩍고 상대방이 현재 처해 있는 환경을 몰라 언행에 소극적이게 된다. 인간은 대화의 동물이다. 일생동안 말을 하며 살아간다. 이 대화도 사람을 직접 만나든 전화로 만나든 좌우지간 만나야 할 수 있다.

사십구재는 이런 만남의 장을 조상들의 지혜로 만들어진 문화라고 생각된다. 아들 3형제에 며느리가 셋인 큰누이는 큰매형을 병천에 있는 류관순 열사 생가 선산으로 모시면서 이 문화를 작심했던 것이다. 이제는 저승에 계시는 큰매형 류제우님은 우리 부모님이 22년 전에 다 돌아가신 후 나의 가슴에는 아버님과 같은 존재로 늘 자리하셨던 분이다. 그래서 향년 72세에 너무 이르게 돌아가신 것이 매우 가슴 아프게 다가왔던 것이다. 내가 고등학교 다닐 때 명동에서 사업을 하시던 큰매형을 찾아가면 꼭 용돈을 주시곤 했는데 그 추억은 내 평생 잊지 못할 고마움이었다.

고인은 5월 18일 일요일 새벽에 갑작스럽게 세상을 떠나버리셨으니 칠칠재 의식은 자동적으로 매주 토요일 날에 치러지게 되었다. 이 또한 생업에 바쁜 자식들에게 큰 배려를 주신 것이라고 생각된다. 착실한 불교신자인 큰누이는 아들 삼형제와 며느리들이 이 의식에 따라준 것만으로도 고맙게 생각하는 것 같았다. 그리고 이왕에 돌아가신 분의 명복을 일주일에 한 번씩 일곱 번을 가족이 함께 빌다 보면 형제간의 우애도 돈독해질 수 있고 며느리들도 친해질 수 있는 좋은 기회가 된다는 의미도 깊게 깔려있다고 본다.

한 어머니의 뱃속에서 나왔지만 삼형제는 지금 하는 일도 살아가는 모습도 생각도 다 다르기 마련이다. 요즘 세상에 형제간들이 자주 정기적으로 만난다는 것은 기대할 수 없는 상황이다. 잘해야 명절과 제사 때 보는 것이 고작일 것이다. 우리 조상들은 지혜롭게도 부모 자식 간 또는 형제지간에 자동적으로 만날 수 있도록 독특한 문화를 남겼다.

말이 나와서 말인데 사촌 형제지간도 요즘 아이들은 1년에 한두 번 보기도 어려울 것이다. 옛날에는 한 동네에서 할머니 할아버지 모시고 여러 형제들이 가깝게 살면서 농사도 짓고 하다 보니 같이 커가며 매일 봤지만 현대사회에서는 복잡한 도시 생활을 핑계로 친형제간에도 무슨 때가 아니면 통 볼 수가 없다. 거기다가 부모님 재산 상속문제로 갈등이 생기면 가뜩이나 적은 숫자의 형제들이 원수지간이 되어 다시는 돌아오지 못할 강을 건너버리는 일이 우리 주변에서 흔히 볼 수 있는 일이다. 그래서 도시 사람들은 사촌보다 이웃사촌이 더 가깝게 느껴지고 진짜 형제지간처럼 의지하며 살아가는 형태를 취하게 된다. 내 동생이 어디가 아프고 형편이 어떤지는 모르고 살지만 이웃사촌집의 돌아가는 일은 구석구석 알면서 자주 접촉하게 된다.

5년 전에 미국에 갔을 때 양정고 동창들을 만나면서 놀라웠던 것이 LA에 사는 친구가 뉴욕에 사는 친구를 만나 본 사람이 거의 없고 심지어는 반대편 지역으로 여행조차 해본 친구가 없다는 얘기를 들었다. 워낙 땅덩어리도 크고 우리나라 규모의 국가가 50개국이 모여서 생긴 나라라서 그렇겠구나 하는 생각도 하게 되었다. 또 하나는 살아가는 현실이 빠듯해서 비행기로 다섯 시간 가야 되는 여비도 정신적 여유도 없이 살아야 하는 세상이라 그럴 수도 있겠다고 생각했다. 그래서 애들이 머나먼 외국에 살고 있으면 한국에 있는 부모들은 "난 자식이 없어"라며 체념하고 살아간다는 말을 이해할 수 있었다. 자주 만나야 친구도 더욱 정이 들게 되어 있는데 한 핏줄 형제간이라도 얼굴을 못 보게 되면 멀어질 수밖에 더 있겠는가.

대화의 동물인 인간이 대화 없이 살아간다는 것은 인간 본연의 중요한 생리를 상실했다는 의미이다. 자주 보는 사람이 더 할 말이 많아지는 법이다. 그래서 내 생각대로 말하자면 친구란 옛것과 친하게 지내는 벗이라는 것이다. 그래도 한쪽 부모님이라도 살아계실 때 형제들은 구심점을 갖고 만나게 되지만 양쪽 부모 다 떠나시고 나면 그 구심점이 없어져 점점 거리가 생겨난다는 걸 잘 알고 있다.

나는 큰매형을 장지에 모시고 돌아오는 날 저녁에 큰누이네 집에 가서 조카와 며느리들이 모인 자리에서 "효도란 부모님 살아생전에 한 번이라도 더 얼굴을 보는 게 가장 중요하다. 돌아가신 후에 대성통곡을 해봤자 때는 이미 늦은 것이다"라고 강조했다. 그리고는 "처음엔 아버님이 돌아가셔서 어머님의 외로움을 달래드린다고 한두 달 잠깐 자주 찾아뵈려고들 하지 말고 아들 삼형제가 돌아가면서 중복되지 않게 지속적으로 할 수 있는 행동계획을 지혜롭게 짜서 효율적으로 효도하는 방법을 실천하라"고 첨언했다.

이 모두가 내가 경험한 사실이라 자신 있게 조카들에게 전해주었던 것이다. 사람이 살면서 대화할 기회를 잃는다는 것은 삶 자체의 의미를 상실하는 것 아니겠는가.

요즘 늦은 밤에 잠이 안 와서 TV를 보다 보면 실제 범죄사건을 드라마화해서 방영되는 프로그램을 자주 접하게 된다. 며칠 전에 "박한상"이 잔인하게 자기 부모를 살해하는 패륜사건을 보게 되었는데 부모 자식 간에 진솔한 대화의 창을 마련하지 못해 생긴 비극이었다. 이 사건은 미국에 유학 간 아들 "박한상"이 부모에게 계속적으로 송금을 요청했다가 아버지가 중도에 지원을 중단하자 한국으로 돌아와 부모의 재산을 빨리 자기 수중에 넣는 방법으로 부모님이 주무실 때 칼로 96군데를 난자한 후 기름을 뿌리고 화재사건으로 위장했다가 적발된 끔찍한 일이었다. 대화의 단절이 몰고 온 극단적인 파장이었다.

이렇듯 대화란 사람이 살아가면서 없어서는 안 될 정말로 중요한 기능인 것이다. 부부싸움에서도 대화가 단절되는 냉전기간이 길어질수록 그 위험도가 높아진다는 것이다. 관계를 유지하려면 대화는 필수조건이다. 조물주가 인간에게 입을 달아준 것은 말을 하면서 살라고 그 의미를 부여한 것이다. 그만큼 대화는 중요하고 대화를 위해서는 만나야 되고 만나서 얘기하다 보면 소통이 되어 친해지는 것이다.

대화하면서 삽시다!

삶의 방식의 변화

젊었을 때는 그저 크고 많이 그리고 빠르게를 선호하며 이것저것 가리지 않았으나 요즈음은 큰 것이 능사가 아니라 유연해야 좋고 또 자연스러워야 하고 음식도 인스턴트가 아니라 옛것이 몸에 잘 받는다고 느껴진다. 다시 말해서 외형 위주에서 내실 위주로, 큰 것 지향에서 크지는 않아도 부드러움을 우선하며, 닥치는 대로에서 요것저것 따져보고, 순간적인 판단에서 장기 안목적으로 생각해 본다.

즉석에서 흥분하고 싸우던 것에서 차분하게 듣고 남을 이해하려는 자세로, 부모님 생각을 옛날 사람이라고 치부하던 것에서 그때 그분들의 말씀을 이해하게 된 모습으로 많은 것이 바뀌어져 있음을 내 스스로 느끼며 살고 있다.

젊었을 때는 고기를 먹어야 잘 먹었다고 생각했지만 요즘은 채소를 듬뿍 먹어야 속이 편하다는 걸 알고 있다. 젊었을 때는 보디빌딩 같은 걸 선호했지만 요즘은 목, 허리, 양팔, 무릎, 발목 등이 유연해지는 것에 더 관심이 집중된다. 젊었을 때는 모든 걸 빠르게 해치웠지만 요즘은 시간이라는 요소를 수용하며 자연스러운 변화를 기다린다. 젊었을 때는 남보다 하나라도 더 먹으려 했지만 요즘은 가급적 하나라도 덜 먹으려 애쓴다. 젊었을 때는 내 주장만 내세웠지만 요즘은 나와 다른 생각을 가졌다고 해서 상대방이 틀렸다고 생각지 않으며 저런 의견도 있구나하고 이해하려 한다.

젊었을 때는 바둑에서도 남의 것을 잡아먹으려 전투했지만 요즘은 잡는 척하면서 몰기만 하며 내 집을 지키려 한다. 즉, 싸워서 이기려 하지 않고 지키면서 승리를 쟁취한다. 젊었을 때는 부부싸움도 별것 아닌 한마디 말 때문에 칼끝을 세웠지만 요즘은 웬만하면 못 들은 척하고 한 귀로 흘려버리려 하며 그 자리를 피해버린다.

젊었을 때는 한 푼이라도 더 벌어 재산을 모으려 했지만 요즘은 욕심 부리다간 그나마 제명대로 못 산다고 판단하여 점점 수세적으로 바뀌었고 돈이 모든 걸 다 해결할 수 있다고 생각지 않는다. 젊었을 때는 남의 얘기를 경청하는 인내력이 무척이나 부족했지만 요즘은 상대방의 얘기를 들어주는 것이 상대방에 대한 예의요 이해할 수 있는 기본자세라고 느껴 가급적 상대방으로 하여금 90% 이상 얘기를 할 수 있도록 배려한다.

젊었을 때는 내 또래하고 주로 어울렸지만 요즘은 선배와 후배들까지도 연령계층과 사회적 지위에 상관없이 두루 어울린다. 젊었을 때는 항상 내가 주전멤버로 뛰려고 했지만 요즘은 코치로서 자리매김하는 것에 더 보람을 느끼게 된다.

젊음을 보라! 지금 이 시간에도 황사주의보가 발령되어 관악산이 누렇게 보이는데도 토요일이라고 농구코트에서는 황사와 무관하게 네다섯 팀이 편을 짜서 정열적으로 뛰고 있다. 나는 오늘 같은 날엔 등산도 피하고 바깥공기 들이마실 빈도를 최소화 해야겠다고 집을 나서는 순간 마음먹었는데 말이다. 바로 이 차이가 젊었을 때와 요즘의 다른 모습일 것이다.

삶의 질

칠팔 년 전에 선배님의 친구분을 소개받은 적이 있다. 선배님 왈, 대단한 부자란다. 점심때가 돼서 식사를 함께하게 되었다. 선배님 친구분이 된장찌개나 먹자고 하여 다들 그러자고 해서 식사가 나오길 기다렸다. 얼마 후 검은 사발에서 보글보글 끓는 된장찌개가 나왔다. 수저를 들어 한 술 뜨려 하는데 그 친구분께서 "아 참, 소주 한잔 해야 되는데" 하면서 그냥 된장찌개 놓고 한 잔 하시자고 해서 그야말로 안주도 별도로 없이 소주만 두 병을 축냈다. 식사가 끝난 후 나는 그 친구분께 "오늘 잘 먹었습니다. 다음엔 제가 한 잔 사겠습니다" 하며 인사드렸다.

일주일쯤 지난 후 퇴근 무렵에 선배님으로부터 전화가 걸려왔다. 물론 저녁 약속이었고 나는 수화기를 내려놓자마자 선배님 사무실로 달려갔다. 내가 도착하고 얼마 후에 그 친구분이

들어오셨다. 나는 자리에서 일어나 정중하게 인사를 드린 후 “오늘 저녁은 제가 사겠습니다”라고 제안했다. 그랬더니 친구분께서 누가 사든 밥 때가 되었으니 일어서자고 해서 선배님이 서둘러 정리를 하고 같이 나섰다. 길 건너 골목으로 들어서자 코너에 횟집이 눈에 띄었다. 내가 이리로 가자고 하여 식당 안으로 들어섰다. 종업원이 메뉴판을 들이밀기에 나는 오늘 제일 싱싱한 게 뭐냐고 물었다. 그랬더니 친구분께서 무슨 그렇게 비싼 걸 시키냐고 하길래 나는 지난번 된장찌개를 맛있게 얻어 먹어서 오늘은 제가 맛있는 걸 대접하겠노라고 하면서 종업원에게 싱싱한 회로 준비하라고 밀어붙였다.

소주 몇 병을 거나하게 들고 나니 친구분이 맥주나 한 잔 하러 가게 선배님한테 앞장서서 안내해 보라고 했다. 사실 내가 아는 바로는 선배님은 영세사업 수준이고 친구분은 부동산부자로서 한 달 임대수입도 꽤나 많은 분이었다.

선배님은 얼마 안 가서 지금으로 말하면 단란주점 같은 곳으로 들어갔다. 흥이 나게 맥주를 마신 후 좌석이 끝나갈 무렵에 친구분이 선배님에게 돈을 준비 못했다며 내일 돈을 줄 테니 대신 결제하라고 했다. 선배님은 그러자고 하면서 자기 카드로 술값을 치른 후 맥주집을 나왔다. 기분 좋게 1차 2차를 하고 우리는 헤어졌다.

일주일 쯤 지나서 선배님 사무실에 놀러갔더니 선배님 왈,

친구분이 술 먹은 다음날 오셔서 어제 술값이 얼마냐며 카드전표를 보여 달라고 해서 보여줬더니 왜 그렇게 술값이 비싸냐며 인상이 안 좋아지더란다. 그때 선배님이 나한테 "부자면 뭐해! 돈 한 푼 제대로 쓸 줄도 모르면서…"라고 기분이 별로 안 좋았음을 전했다.

그러고 몇 달이 지나고 나서 선배님이 친구분의 청첩장을 내게 전해주었다. 큰딸을 시집보내는 데 사위는 의사란다. 나는 속으로 그 양반 돈으로 사위 봤구만 하는 생각을 했다.

그리고 몇 개월 후 그 친구분은 술을 끊었단다. 허리에는 사위가 사줬다는 당뇨측정기를 차고 다닌단다. 너무 돈 모으는 데만 치중해서 살아온 그 양반은 자기가 번 돈은 자식들에게 쳐 바르고 본인은 제대로 쓰지도 못하다가 늙어서 병만 앓고 다니는 신세가 된 것이다. 전형적인 놀부의 모습이었다. 본인의 삶의 질은 엉망이었던 것이다.

주변에 부자들 중에 이런 형태로 살아가는 사람들이 꽤나 많다. 웬만한 봉급쟁이보다도 못하게 살면서 자기가 부자라는 것만 뽐내며 예우받길 원하는 그런 사람들 말이다.

상위 지향적 문화

70년대 말에 회사라는 곳에 들어가 보니 모든 사람들이 윗사람에게 잘 보이려고 애쓰는 모습들이었다. 그야말로 전형적인 상위 지향적 태도만 눈에 띄었다. 상사에게 잘 보여야 편하게 일할 수 있었고 승진할 때도 유리했기 때문이다. 아마도 직장에서는 상사의 명령에 "No"라는 대답이 쉽지 않아 이러한 상위 지향의 문화가 자연스레 자리 잡고 있을 것이다. 또한 우리네 부모님도 취업한 자녀에게 "윗사람에게 잘 보여야 한다. 그리고 말 잘 듣고!" 하며 상위 지향적 의식교육을 시켰다.

남자의 경우 몇 년간의 군대 생활이 몸에 배어 있어 직장에서도 이런 행동이 별로 어색하지는 않았기에 더욱 그런 문화가 정착되었을 것이다. 군대에서 얘기하는 고문관처럼, 요즘 아이들 말로 소위 왕따를 당하지 않으려면 신입사원으로서 그 조직의 기존 문화에 적응해야 한다는 걸 익히 알고 있기에 이런 문화에 대한 이질감은 크게 문제될 게 없었던 것이다.

그러나 이와는 반대로 우리는 하위 지향적 문화도 병존하는 사회에서 살아가고 있다. 돌아가신 나의 부모님도 오로지 자식밖에는 모르고 본인 자신을 돌보는 일은 늘 뒷전이었다. 더군다나 요즘 부모들은 자식을 위해 자기 자신을 무리하게 희생하면서 각종 교육에 투자하면서 형편 불문하고 내 자식이 남에게는 절대로 져서는 안 된다는 의식으로 사는 것 같다.

대표적인 예가 기러기 아빠, 캥거루 자식이다. 물론 내 생각과는 다르지만 그들의 생각이 꼭 틀렸다고 얘기하지도 못하는 세상이 되어 버렸다. 사실은 이렇게 상반되는 하위 지향적 문화와 상위 지향적 문화가 잘 조화를 이루게 되면 금상첨화가 된다. 사장은 근로자를 자기 자식처럼 잘 가르치며 대우하고 근로자는 사장을 부모처럼 생각할 때 그 회사는 분명 성공할 수 있을 것이다.

일본의 전기설비자재 제조업체인 "미라이공업"은 정년이 70세로 되어 있다. 창업자 야마다는 "막이 오르면 연기는 배우가 하는 겁니다. 기업도 사원을 신뢰하지 않고 처음부터 끝까지 지시하려는 경영자, 사원을 자르고 수익이 개선됐다고 자랑하는 경영자는 가짜 경영자지요. 거기에는 사원의 행복도 기업의 미래도 없습니다"라고 했단다. 그의 경영철학에는 부모와 같은 하위 지향적 의식이 철저하게 배어 있다는 걸 알 수 있다. 이런 회사에 다니는 직원이 어떻게 CEO를 미워할 수 있겠는가. 이 직원들은 당연하게 상위 지향적일 수밖에 없다. 이것이 바로 상하 간의 아름다운 조화인 셈이다. 우리 부모가 자식한테 베푼 것처럼 자식이 커서 늙은 부모에게 진심으로 효도한다면 그 가정은 본받을 만하고 주변으로부터 부러움을 살 것이다.

어느 모임의 회장이 늘 회원들을 위해서 솔선수범하고 회원들도 능동적으로 협력한다면 아무리 비영리 조직이라도 서로가 마음의 울타리가 되어 신뢰하는 문화가 형성될 것이다. 대기업이 납품업체에 대해 인간적인 대우를 하고 납품업체는 대기업의 발전계획에 긍정적인 자세로 동참한다면 서로가 "윈–윈"하며 성장할 것이다.

학부모가 자기 자식의 선생님에게 존경심을 보내고 선생님은 학생을 자기 자식처럼 생각하고 가르친다면 요즘같이 학부모가 학교를 찾아가 선생님의 뺨을 때리는 몹쓸 일은 절대로 생겨나지도 않을 것이다. 누구나 부하로 시작해서 상사가 되고 자식으로 태어나 부모가 되는 것이며 사원으로 입사해서 사장까지도 오르게 되는 것이니 위와 아래가 죽을 때까지 정해져 있는 게 아니지 않은가.

인간관계의 모순은 늘 기대하는 사람과 베푸는 사람 간에 느끼는 마음의 차이에서 시작된다. 상하를 막론하고 주는 사람은 많이 배려한 것 같은데 받는 사람은 자기 기대에 못 미쳐 늘 섭섭하다고 생각하기 때문이다.

이제 나 자신도 어느덧 세월이 흘러 오십 중반에 이르렀으니 내 자식은 물론 조카들 그리고 후배들에게 행동함에 있어 윗사람으로서 그들의 입장에서 어떻게 대하는 것이 좋은 모습일지 늘 고민하게 된다. 또한 누이나 사촌형님과 선배들에게도 조심스럽게 행동해야 된다고 의식하며 산다. 선후배가 망라되어 있는 모임에서는 윗분들에게 형님처럼 깍듯하게 예의를 갖추고 아랫사람들에게는 동생같이 다정다감하게 대하려고 노력하고 있다.

지금까지 살아오면서 혈연, 학연 등 나와 여러 가지로 인연을 맺은 모든 사람을 대상으로 변함없이 때로는 상위 지향적으로 또 한편으로는 하위 지향적 자세로 임하면서 인간관계 문화를 균형 있게 유지할 생각이다. 나는 베푼다고 베풀었는데도 상대방이 만족하지 않는 모습일 때 내가 상대방의 입장에서 이해하려 노력할 것이고, 상대방이 나의 기대에 못 미치게 나에게 베풀었어도 내가 받는 사람의 입장이 아니라 주는 입장이 되어 그 고마움 자체를 수용하려고 노력할 것이다. 하위 지향적과 상위 지향적은 동전의 양면처럼 나의 마음속에 같이 붙어 있는 것이니 한 방향으로만 떼어내어 생각할 수 없다. 동전을 던져 보면 앞면이나 뒷면 한쪽만 떨어져 나가지는 못하니까.

어떤 때는 내가 상사가 되기도 하고 또 다른 때는 부하가 되기도 하는 것이고, 또 베푸는 사람일 때도 있고 반대로 받는 경우도 있는 것이므로 언제나 양쪽 문화를 다 헤아리며 처신하는 것이 현명한 태도가 아닐까 생각된다.

내가 어느 위치에 살아가든 인연이라는 소중한 자산을 잃지 않으려면 언제나 상대방의 입장에서 생각하고 행동하는 것이 내 나이에는 꼭 필요한 것 같다는 생각이 든다. 이제야 철이 들어 그런 건지 나이가 먹어서 그런 건지는 모르겠지만 에라스무스 로테르담이 쓴 "우신(愚神)예찬"의 한 대목이 생각난다.

"상대가 누구든 인연을 맺었으면 무조건 아름답게 보고 좋아하는 어리석음이야말로 인생을 즐겁게 하고 유대를 강화시켜 준다."

새들아 날아라

이곳 러시아의 뉴시베리아인 노보시비르스크에서 아제르바이잔의 수도 바쿠로 가려면 비행기를 타고 4시간을 날아서 모스크바 공항에 내려 버스를 타고 옆에 있는 모스크바 공항으로 가서 6시간 가까이 기다리다가 바쿠행 비행기를 타야만 새벽 4시경에 내릴 수 있다.

모스코바 공항에서 내려 버스로 15분 정도를 타고 또 다른 모스크바 공항으로 가는 도중에 석양의 하늘을 아무런 짐 검색이나 티켓팅 수속절차 없이 자유롭게 날아다니는 새들을 보았다. 이 새들은 공항을 거치지 않아도 되고 또한 공항을 지나친다고 해도 엑스레이 투시기를 두세 번씩이나 거치지 않아도 되고 신발과 혁대를 상자 안에 넣고 몸수색을 받는 과정도 당연히 생략 받는다.

모스크바 공항을 수차례 지나다녔지만 모든 업무가 비효율적이고 규제일변도이고 고객 중심적 서비스개념은 아예 반영되지 않은 공항이라는 걸 짜증나게 느끼곤 한다. 그래서 동행하는 사람들이 이구동성으로 "대한민국은 대단한 나라야! 이 나라는 우리 발바닥도 못 쫓아왔어. 아마도 따라오려면 50년은 걸릴 거야!"라고 말한다.

중국도 그렇고 러시아도 마찬가지라고 생각되는 것이 있다. 그건 다름 아닌 땅덩어리는 크고 세계 강대국의 하나이며 국가경제도 아주 빠른 속도로 성장하고 있건만 정부기관이나 기업조직 그리고 국민의식이 함께 글로벌화된다는 것은 내가 살아있는 한 기대하기 어려울 것 같다는 생각이 지배적이다.

일본 사람들이 예의바르다는 얘기는 세계인이 인정한다. 일본의 기업에서는 인사예절 교육만 한 달씩 시킨다. 고객과 눈만 마주치면 반갑게 인사하도록 사전에 반복훈련을 시키는 것이다. 우리나라의 여러 회사를 방문해 봐도 제대로 된 기업은 첫 번째로 직원들의 인사성이 밝다. 그리고 전화를 걸어도 삼류기업과 일류기업의 직원들 자세는 판이하게 다른 걸 쉽게 느낄 수 있다.

러시아 쪽의 공항을 다녀 보면 근무자들의 얼굴에서 웃음을 찾아볼 수 없다. 물론 기다리는 승객도 대부분 그렇다. 그리고 불필요하게 인원을 많이 배치해 놓았지만 고객에게는 전혀 도움이 되지 않는다. 또한 절차만 복잡하고 업무처리 속도는 하세월이며 고객을 대하는 태도가 아주 네가티브해서 조금만 이상해 보여도 시간을 끌거나 일단 퇴짜를 놓고 다시 기다리게 만든다. 우리나라 공항이나 항공사 직원들을 볼 때 있을 수 없는 얘기이다.

어느 기업이나 그렇게 해서는 살아남기 힘든 세상인데 공산주의 출신 국가들은 국민을 통제했던 관습이 뿌리 깊게 남아있어 쉽게 개혁될 일이 아니라고 생각된다. 짧은 기간에 경제가 급성장했지만 그에 걸맞은 소프트웨어 즉 사람들의 의식과 관련제도의 혁신은 전혀 뒤따르지 못했기 때문에 생기는 현상이다.

마치 부동산으로 부자가 된 사람들이 하루아침에 거기에 비례한 교양과 의식수준을 겸비하지 못해서 주위 사람들로부터 진정한 부자로 인정도 못 받고 손가락질을 당하는 모양과 똑같다. 한 집안이 진정으로 레벨 업 되는 데 걸리는 시간은 내 지론으로는 약 두세 대, 50년이 필요하다고 본다. 내 자식이 나보다 낫고 그 자식이 자기 자식을 연이어 더 낫게 키웠을 때 평가를 제대로 받을 수 있다는 생각에서 그렇다는 얘기다.

초등학교 다닐 때 배운 노래 중에 "날아라 새들아 푸른 하늘을…"이라는 곡이 생각난다. 인간이 타는 비행기는 새를 흉내내어 만들어졌다고 하는데 이 비행기를 타기까지 얼마나 복잡하고 피곤한가! 정말 하늘을 나는 새들처럼 단순하고 편안하게 비행기를 타고 날아가는 방법은 기대할 수 없는 건지, 그렇지 않으면 아예 비행기를 대체할 편안한 교통수단은 없는 건지 상상의 나래를 펴 본다. 새들은 고민이 없으리라. 규제도 받지 않으니 단지 먹을거리만 찾는 데 골몰하면 되는 거다.

구소련 쪽 국가들을 다녀 보면 정돈이 제대로 되어 있지 않으며 질서 또한 아예 무시된다. 그래도 이 나라 사람들은 국가에 크게 반발하지 않으며 불만도 적은 것 같다. 공산주의 시절부터 길들여져 있어 그런 모양이다.

모스크바 공항을 자유롭게 드나드는 새들이 부러운 것은 인간 모두가 편리성을 최대로 추구하지만 이에 따르는 규제는 싫어해서 그런 게 아닌가 싶다.

새들아 날아라! 인간들아 날아보자!

새벽 4시의 풍경

우리 집 1층에 있는 24시 편의점은 출입문 셔터를 내리고 주인 양반은 형광등을 다 켜놓은 채로 서성거리고 있다. 아마도 강도에 대비해서 문을 닫고, 심야시간대라서 아르바이트 학생 구하기도 어려워 오십쯤 되어 보이는 본인이 직접 근무하는 모양이다. 건너편 건물 코너에 자리 잡은 김밥집은 이 새벽 시간에도 밥을 먹는 삼십대 중반의 손님이 셀프로 물 한 컵을 뜨려고 음료대로 움직이는 것이 보인다.

대로변으로 나오니 길 양쪽에 영업용 택시가 쭈욱 서서 손님을 기다리는지 수면을 보충하면서 쉬는지 알 수 없다. 그리고 몇 미터 앞으로 가 보니 봉고버스 뒷문을 열어놓고 깜깜한 곳에서 신문배달을 준비하고 있는 사십대 중반의 사내가 보인다. 오십 미터쯤 앞으로 가서 대로변으로 나오려는데 대리운전 기사들이 타고 있는 타우너 경버스가 현수막을 걸어 놓은 채 새벽 취객을 기다리는지 아니면 식구들 새벽잠 깰까봐 집에도 못 들어가고 시간을 보내고 있는지 모르겠다.

길바닥에는 11월 하순의 낙엽들이 새벽바람에 제멋대로 나뒹굴고 있다. 나는 계획했던 시간보다 1시간이나 일찍 잠이 깨어 곧바로 일어나 세면하고 집을 나선다. 늦어서 불안한 것보다는 여유 있게 내 시간을 갖는 것이 내 성격에 맞고 마음이 편안해지기 때문이리라.

어제는 웃음의 중요성과 효능에 대하여 열변을 토하는 강사의 모습에 오후 내내 시간을 투자하고 나니 마음이 후련해졌다. 내 주변에 보이는 모든 이가 각자의 위치에서 열심히 살아가고 있다는 느낌을 강하게 받았다. 아마도 가족과의 약속을 지키기 위하여, 사회와의 약속을 지키기 위하여 싫든 좋든 자기의 맡은 바 역할을 다하고 있다.

인생, 사람이 사는 게 뭔지 나도 열심히 살아가는 건 분명한데 진정한 의미와 목적은 아직도 잘 모르겠다. 그런데 어제 그 강의 중에 교육 참석자들끼리 상대방의 나이를 알아 맞춰보는 시간이 있었는데 나를 사십대 후반으로 평가하는 걸 보니 내 인생이 그래도 긍정적으로 살아가는 사람처럼 보였던 모양이다. 그나마 기분 좋고 다행한 일이다.

과천을 빠져나와 인덕원 사거리를 조금 지나 편의점에 들어가 저지방 흰 우유를 사는데 삼십대 후반의 대리운전기사 한 사람이 한 손엔 핸드폰을 쥐고 컵라면이 끓기를 기다리며 "님은 먼 곳에…"라는 음악을 따라 부르고 있었다. 생활이 어려워도 즐겁게 살려고 노력하는 모습이 내 눈에 깊이 들어온다.

그래! 인생은 각자가 생각하기 나름인 모양이다. 이 새벽시간에 나는 젊은 대리운전 기사의 행동에서 한 수 또 배웠다. 농산물 시장을 들어서니 많은 사람들이 자기 생업에 분주하게 움직인다. 고속도로 톨게이트에서 분홍색 스웨터를 입고 근무하고 있는 40대 초반의 아주머니는 무척이나 졸린 눈으로 기계적으로 요금을 받는다.

이른 새벽에 각양각색의 삶의 모습이다.

생맥주집

우리가 흔히 호프집이라고 부르는 곳이 있다. 소주 한잔 하고 나서 입가심으로 찾는 곳인데 생맥주를 주로 파는 집이다. 후라이드치킨과 양념치킨 그리고 1차에서 배가 부른 손님들이 주로 찾는 땅콩과 오징어로 구성된 마른안주 등을 내놓는다. 내가 1년 전부터 자주 찾는 이 호프집은 지하철역 광장에 자리 잡고 있어 만남의 장소로 아주 효율적이다. 겨울에는 추운 날씨로 인해 실내에서만 장사를 하지만 여름이 되기 시작하면 파라솔을 펴서 플라스틱의자와 함께 길에다 깔아 놓으면 훌륭한 노천카페가 된다. 그래서 약속 시간보다 먼저 도착해도 여유롭게 앉아서 생맥주 한잔을 들면서 지하철 입구로 드나드는 많은 사람들을 구경하기도 하며 닭을 튀기는 주인 양반의 일거수일투족도 관심 있게 보게 된다.

내 추측으로는 이 집 주인은 화이트칼라 출신으로 정년이 한

참 남은 나이에 중간에 직장을 나와서 이 장사를 하는 것으로 보인다. 하는 행동이나 부인의 얼굴을 보면 중간 퇴직 후 재취업이 여의치 않아 이 종목을 택한 것으로 판단된다. 게다가 인근 주민들이 아이들을 데리고 와서 후라이드치킨을 포장해 달라고 하는 손님도 많기 때문에 주인 양반은 계속 닭을 튀겨내며 이마에서 연신 흐르는 땀을 팔뚝으로 훔쳐내며 계속 서서 작업을 한다. 다이어트 걱정은 배부른 사람이나 하라는 듯 말이다.

그런데 내가 손님을 기다리는 중에 이 호프집에 문제가 생겼다. 아르바이트하는 주부사원이 포장주문 내역을 주인 양반에게 잘못 전달한 모양이다. 두 명 모두 얼굴이 굳어진다. 주인 양반이 무척 화가 난 모양이다. 마치 "내가 이렇게 비지땀을 흘리면서 일하는데 주문 하나도 제대로 못 받느냐. 이게 뭐하는 거냐!" 하는 표정이다.

주인 양반의 부인은 가까이 있었지만 끼어들려고 하지 않는다. 다른 손님에게 배달할 생맥주 500cc만 따르며 못 본 척하고 있다. 화이트 컬러 시절에 곱게 직장 일만 하던 사람이 이런 육체적 중노동을 하게 되었으니 이런 일이 생길 때마다 남편의 성난 모습을 보면 부인은 안쓰러움을 느끼기 때문이리라. 그래도 이 집은 목도 좋고 부부가 성실하게 해서 점포를 두 배로 확장했으니 장사하는 보람을 느끼리라고 생각되었지만 순간순간 그게 아닌 모양이다.

그렇다. 사람이 자기가 하던 일을 벗어나 색다른 일을 하다 보면 “내가 어쩌다 이렇게까지 되었을까?” 하는 인생의 회의감도 느끼리라. 그러나 주인 양반이 내 팔자려니 생각하면서 제2의 인생을 받아들이고 즐겁게 일을 한다면 같이 일하는 부인과 종업원들도 피곤이 좀 덜 하련만 아직 이 주인 양반은 거기까지는 못 미치는 모양이다.

매사를 항상 감사하다는 마음으로 대할 때 정신건강에도 좋고 행복도 느끼며 주변 사람에게도 좋은 기분을 퍼뜨릴 수 있어 결국은 손님에게 좋은 분위기를 전하게 되어 선순환 효과를 거둘 수 있는데 말이다. 집안에서나 밖에서나 내가 조금 참고 양보하며 살면 모두에게 이득이 된다는 걸 모르지는 않겠지만 서양인들이 눈만 마주쳐도 습관적으로 씩 웃는 모습을 보면 우리는 한참 더 배워야 한다는 생각이 다시 한 번 든다.

내가 보기에는 그래도 이 집 주인 양반은 명퇴 후에 소프트랜딩에 성공한 사람이다. 그러니 좀 더 웃는 모습으로 일을 한다면 종업원도 웃고 손님도 웃고 매출규모도 웃고 신나게 살아갈 수 있으리라 믿어 마지않는다.

괜히 남 얘기만 늘어놓은 것은 아닌지 모르겠지만….

Part 03

웃음에 대한 감사한 마음

하나아~ 두우울~ 하며 살자

선교사의 딸들

샛별이라는 여자아이는 올해 22살이다. 초등학교 1학년인 8살 때 부모님을 따라 필리핀으로 가서 중 3때까지 현지에서 영어로 학교교육을 받은 후 우즈베키스탄으로 옮겨 20세까지 발레 공부를 하다가 작년부터 이곳 우크라이나 키예프로 혼자 넘어와서 예비학부를 다니고 있다. 딸 둘 중에서 막내인 샛별이의 부모님은 우즈베키스탄의 수도인 타슈켄트에 계시는데 한국어학교 교장을 맡고 있는 선교사 부부란다. 아버지는 50대 중반의 내 나이 또래이고 어머니는 40대 말이다. 그러니까 초등학교 1학년 중간까지만 한국에서 살았고 그 이후 계속 본의 아니게 외국생활을 하게 된 것이다. 이젠 발레를 접고 철학을 전공하려고 이곳 키예프에 와 있단다. 비즈니스 때문에 이곳에서 만난 샛별이는 하루 종일 통역을 해주기 위해 나와 같이 근무하면서 약속된 바이어를 기다리는 중간 중간에 신상 얘기를 나누며 내가 평소에 궁금했던 선교사 가족들의 삶과 생각에 대해 물어보면서 나로서는 여러 가지 처음 듣는 얘기를 신비스럽게 경청할 기회를 갖게 된 것이다.

내가 여태까지 아는 상식은 아프가니스탄이나 이라크 같은 곳에서 선교활동을 벌이다 뭔가 잘못되어 천신만고 끝에 석방되거나 안타깝게도 이내 피살되어 특집 뉴스로 방영해서 누구나 다 알고 있는 내용이었으나 샛별이를 통해서 선교사 가족의 생활을 직접 듣는다는 건 무척이나 흥미로웠다.

샛별이의 언니는 한국에 혼자 남아 금년에 대학을 졸업하면 부모님이 계시는 타슈켄트로 넘어올 모양이다. 샛별이 부모님은 한국의 교회로부터 재정지원을 받아 해외에서 선교활동을 하는 가족이다. 샛별이와 함께 통역 아르바이트를 하게 된 또 하나의 여학생은 이곳 키예프에서 고등학교 2학년에 재학 중인데 부모님이 여기에서 선교활동을 하고 있단다.

나는 상담장 밖에서 일행을 기다리며 두 여학생과 함께 앉아 얘기를 나누었다. 첫 번째 질문을 두 학생에게 똑같이 물어보았다. 부모님이 선교사로서 이렇게 해외에서 생활하시는데 본인들 스스로는 만족하시는 것 같으냐고 물으니 놀랍게도 두 학생 모두 부모님이 선교사 생활에 만족하며 살아가신다고 답변했다.

이 얘기를 듣고 그동안 내가 잘못 생각하고 있었다는 사실을 깨달았다. 내 위주로 선교사라는 활동을 평가했지 그들 입장에서 자신이 하고 싶은 일을 하면서 행복할 것이라는 생각은 못 해봤던 것이다. 내가 살면서 늘 강조해왔던 "상대방이 나와 다르다고 틀린 것이 아니다"라는 인식을 망각했던 것이다.

이어서 학생들에게 두 번째 질문을 던졌다. "니들은 부모님의 선교사 생활에 불만은 없니?"

그랬더니 두 학생 답변은 초중학교 때까지는 심리적으로 방황도 했었지만 고등학생이 되면서 부모님의 생활을 이해하며 부모님이 행복해 보인다는 생각까지 갖게 되었단다.

마지막 질문으로 "니들은 장래의 목표가 뭐니?" 라고 했더니 대학생인 샛별이는 동시통역사라고 답했고, 고등학교 2학년 여학생은 하고 싶은 일이 너무 많아서 탈이라고 했다.

샛별이는 통역 중에도 타슈켄트에 있는 어머니로부터 걸려온 전화를 받았다. 어머니는 3개월에 한번 정도로 김치를 갖고 이곳 키예프로 와서 딸의 대학생활을 보살피는 모양이었다. 나는 사실 이 학생들을 아침에 상담장에서 처음 보면서 그저 한국에서 공부가 못 따라주니까 부모님이 주위 사람들에게도 창피하고 그래서 러시아에 유학 갔다고 둘러대려고 이곳까지 보내진 것이 아닌가 하는 생각이 들었는데 막상 직접 대화를 나눠보고 놀랍기도 하고 신비스럽기도 했다. 나도 부모 입장에서 애들을 키우지만 딸아이를 이국에서 공부하게 한다는 것이 그리 쉽게 결정할 문제가 아니라는 것이다.

요즘 내 주변에도 기러기 가족이 점점 늘어가고 있지만 여러 가지로 사회적 문제를 일으키고 있다고 생각된다. 경제적인 것도 그렇고, 가족 간에 떨어져 살면서 나오는 불미스러운 사건도 자주 듣게 되고, 아이들이 성장한 후에 대부분 현지에 남게 되어 그 나라 사람이 되어 버리는 현상도 그렇다.

나는 자식 키우는 것도 "물 흐르듯 자연스럽게" 방식을 선호한다. 부모님이 주위의 시선을 의식해서 억지로 자식을 만들어 내려고 하는 과정에서 "이것도 아니고 저것도 아닌" 무용지물의 결과를 얻게 된다고 생각하기 때문에 자식들이 본인 스스로의 의지와 노력으로 자기 인생을 만들어 가는 것이 기본적으로 중요하고 부모는 멘토로서 가끔씩 조언하며 방향을 잡아주는 것이 합리적이라고 생각한다.

이번에도 같이 온 일행 중 삼십대 후반 가장의 얘기를 들어보니 아이들 키우는 데 들어가는 돈이 장난이 아니라며 언제 저축해서 집을 산다는 생각조차도 못할 지경이란다. 좌우지간 우리나라처럼 자식교육에 올인하는 나라도 없겠지만 자식교육에 투자하는 비용 때문에 시집 장가 가서도 부모님한테 손을 벌리거나 자신들의 삶의 질을 낮추면서 살아가는 모습을 보면 정말 한숨이 절로 나온다.

이제 우리 세대는 자식들로부터 경제적으로 도움을 받기는

커녕 죽을 때까지 A/S를 해줘야 할 판이다. 나는 아이들에게 시집 장가를 가려면 졸업 후 3년씩 벌어 모아서 가라고 했지만 나 자신도 노후를 대비하여 경제적 독립과 안정을 고민하며 살고 있는 실정이다.

선교사의 딸들을 우연하게도 비행기로 11시간이나 걸리는 우크라이나에서 볼 수 있게 된 것도 인연이었지만 그 학생들을 통해서 내 자식들과 비교해 볼 수 있었던 흔치않은 좋은 기회였다. 이번에도 느낀 것이지만 내가 신토불이라 그런지 외국에 나가서 사는 한국 사람들을 만나 보면 고생한다는 생각이 늘 먼저 들고 "그 열정으로 한국에서 산다면 객지생활보다 여러 가지로 편하고 더 인간답게 살아갈 수 있을 텐데…" 라며 재확인하게 된다.

세 명이 치는 배드민턴

금년 더위는 9월 중순이 끝나가는 지금까지도 낮 기온이 30도를 넘나들고 있다. 오늘 밤은 그래도 한여름과는 다르게 가을 날씨를 느끼도록 끈적끈적한 맛은 제거된 것 같다. 아는 사람과 집 근처에서 만나기로 되어 있어 집에서 저녁을 먹고 8시쯤 분수대 공원으로 나와 보니 많은 사람들이 활기차게 제 나름대로의 가을밤을 즐기고 있었다.

코미디언 백남봉 씨가 며칠 전 라디오 방송에 출연해서 건강에는 최고라며 그토록 극찬했던 자전거 타기를 하는 사람들, 나무 한 그루를 동그랗게 감싼 벤치에 마주보고 앉아 컵라면을 맛있게 먹고 있는 두 명의 여고생, 유모차에 손주를 태우고 산책하는 할머니, 야외 음악당 안에서 2인 1조로 배드민턴을 즐기는 가족들, 미끄럼틀에서 시간가는 줄 모르고 정신없이 계속 오르락내리락 하는 동네 꼬마 녀석들, 한쪽 구석에 놓여 있는

3인용 벤치에 나란히 앉아 중국어로 대화를 나누는 한 쌍의 남녀 대학생, 분수대 주위를 다섯 살쯤으로 보이는 딸과 함께 몇 바퀴째 뛰고 있는 삼십대 초반의 안경을 쓴 젊은 엄마, 그리고 아기를 앞으로 메고 긴 머리의 부인과 배드민턴을 치는 애기 아빠, 아이들은 놀이터에서 지들끼리 알아서 놀고 친정어머니로 보이는 육십대 중반의 노인과 화단 경계석에 앉아 마음 놓고 정겹게 얘기하는 애들 엄마, 24시 편의점에서 길거리에 내놓은 비치파라솔의 파란 플라스틱 의자에 앉아 지나가는 사람들과 앞에서 노는 모습을 구경하고 있는 사람들, 새로운 스타일의 우유를 시판하고 있는 젊은 남자사원 등등 많은 사람들이 다양한 방법으로 가을밤을 사용하고 있었다.

그중에서도 아기를 품에 안은 아빠와 배드민턴을 치면서 셔틀콕이 땅에 떨어질 때마다 아기에게 다가가 사랑스럽게 뽀뽀를 해대는 아기엄마의 모습을 보면서 25년 전의 우리 가족과 비교하며 너무나 화목하고 아름답다는 생각에 잠시 젖었다.

사람들은 저마다의 방식으로 이 세상을 살아간다. 자기 형편에 맞게 성격에 따라 사회구성원의 일원으로 또한 가족의 일원으로 여러 가지 모습으로 살아가는 것이다. 아까의 그 모습처럼 퇴근 후 가족과 함께 야외활동을 즐기는 사람과 집에서 TV를 보며 그냥 쉬는 사람, 아직도 손님을 기다리고 있는 나 같은 사람, 사무실에서 야근을 하는 사람, 업무관계로 음식점에서 소주 한잔 기울이는 사람 등등 각양각색일 것이다. 내 앞을 지나가는 유모차와 자전거는 내가 클 때는 물론 우리 아이들을 키울 때에도 흔하게 볼 수 없었던 귀한 물건이다. 그저 먹고살기 바빠서 밤늦게 귀가해서는 TV를 보다가 잠자리에 떨어지는 게 고작이었다. 24시 편의점도, 아이스크림 가게도, 김밥을 파는 전문점도 우리 곁에서 볼 수 없었다. 일주일에 한번 돌아오는 일요일에도 꼭 쉰다는 보장이 없었고 어쩌다 집에 있어도 수면 보충이 우선이고 외식은 중국집에서 자장면 배달시켜 먹는 게 고작이었다. 봉급봉투를 받아 보면 자동적으로 재형저축이 공제되어 있었고 그날 저녁부로 집사람에게 넘어간 봉급에서 용돈을 더 타 쓰려고 언제나 실랑이를 벌여야 했다.

"근로자 재산 형성 저축"의 약칭인 재형저축은 그야말로 봉급쟁이에게는 집을 옮기거나 사는 데 있어서 가장 중요한 목돈이었기 때문이었다. 그러니 요즘같이 고급스럽고 엄청나게 비싼 유모차나 자전거는 서양 영화에서나 볼 수 있는 남의 나라 얘기였다. 지금의 우리 애들이 이런 얘기를 들으면 전혀 이해하지도 못하겠지만 세상은 이렇게 많이 달라졌다.

"세 명이 치는 배드민턴" 모습은 그래서 더더욱 오십 중반의 내 눈에는 부럽고 아름다운 참 좋은 세상으로 다가왔던 것이다.

세상에서 제일 미련한 것

소 잃고 외양간 고치기, 아파트 팔고 나서 한 참동안 주변 부동산업소를 돌며 가격을 물어보는 사람, 직장을 옮긴 후에 전에 있던 직장의 봉급이나 직급과 비교해 보는 사람, 대형 쇼핑몰 주차장에서 눈에 띄는 곳에 주차시킨 후 더 좋은 자리가 보이면 조금 더 와볼 걸 하며 후회하거나 차를 옮기려고 망설이는 사람, 부모님 살아생전에는 지들만 편한 게 좋아서 한 달에 한 번도 찾아뵙지도 않다가 돌아가신 후 크게 슬퍼하며 제사 음식 잘 차리려고 애쓰고 그간의 불효에 후회하는 사람, 조그마한 것에 눈이 어두워 큰 것을 놓치는 사람들….

큰 모험을 같이하자고 제의받고 계산해 보다가 거절한 후 나중에 잘 되어 가는 모습을 보며 그때 동행했으면 엄청나게 좋았을 텐데 하고 아쉬워하는 사람, 즉 버스 떠난 뒤 손 흔드는 격이라고나 할까. 티샷이 나무 숲속으로 들어갔을 때 언플레이

어블을 선언하지 않고 그 나쁜 위치에서 세컨샷을 무리하게 하다가 또 다시 최악의 상황을 맞이하고 나서야 내가 왜 그리 욕심을 냈나 하며 후회하는 골프플레이어….

사실은 주변 사람들이 잘 풀려야 막걸리 한 잔이라도 얻어먹을 수 있다는 진리를 모르고 당장 그 순간에 남 잘되는 걸 눈뜨고 못 보는 사람, 자기 주변에 Yes-man만 많고 "No" 하는 사람이 없는데도 이걸 모르고 자기가 결정한 일에 반대의견이 없는 것을 보며 자기 자신이 똑똑해서 그렇다고 느끼는 리더, 귀가 얇아 진정한 지도자 자격도 없는데 운이 좋아 그 자리에 앉아 있는 사람들도 많다는 얘기이다. 돈 벌어서 모으기만 하며 나중에 쓰겠다고 했다가 좋은 시절 다 지나가고 몸이 말을 안 들으니 먹고 싶은 것도 못 먹고 가고 싶은 곳도 못 가고 비싼 병원에서 천장만 보고 누워서 갈 날만 기다리는 졸부들….

세상에는 자기만 똑똑하다고 생각하며 살아가는 사람들이 많다. 사실은 제일 미련한 짓을 많이 하면서 말이다.

수목장(樹木葬)

눈이 내린 삼일절 아침에 청계산 등산 대신 집사람과 함께 우산을 들고 서울대공원을 산책하며 수목장에 관한 얘기를 나누게 되었다. 내가 아는 상식으로는 수목장이란 사람이 죽으면 화장을 해서 그 미세한 골분을 참나무 또는 소나무 등 살아있는 나무 주변에 뿌리거나 묻는 장례양식이다. 어차피 무(無)로 돌아갈 인생이라면 빨리 흙으로 원위치 될 수 있도록 처리하는 것이 바람직하다는 생각을 갖게 했던 장묘법이다.

평소에 집사람과 이곳에 올 때마다 멋있다고 극찬했던, 남쪽으로는 호수가 바라보이고 북쪽으로는 조그마한 동산이 병풍처럼 등 뒤를 지켜주는 곳에 좌정하고 있는 소나무 한 그루를 지정하여 "여기가 명당자리로 좋겠다"는 합의를 도출했다. 우리가 정한 나무를 잠시 감상한 후 이십 미터쯤 걸어가다 누군가가 호숫가 나무에서 고사를 지내고 갔음을 인지할 수 있었다. 그 나무 옆에 떡과 음식물을 뿌려놓았기 때문에 그런 느낌이 왔다. 누군지는 모르지만 액운을 쫓고 행운을 맞게 해달라고 이 좋은 장소를 빌렸으면 최소한의 예의를 갖춰 흔적이라도 남기지 말았어야지 하는 씁쓸한 생각이 들었다.

돌아오면서 나는 집사람에게 바다에서는 어느 부표를 정하여 골분을 뿌린 후 나중에 그 부표를 찾아 추도한다고 어느 신문에서 본 이야기도 들려주었다. 부모님이 돌아가신 지도 20년이 넘었건만 묘지 관리에 있어서는 한 번도 효도했다는 생각을 못해 봤다. 늘 자식 된 도리를 다하지 못해 죄스러운 마음뿐이었다. 나의 이런 모습이 싫어 내 자식들에게는 의무를 남겨 놓지 말아야겠다는 생각에서 수목장을 과감하게 공표하게 되었던 것이다.

오랜만에 딸과 함께 셋이서 점심을 하러 분당에 살 적부터 다녔던 가락동에 있는 회덮밥 집에 갔다 오면서 차 안에서 딸아이가 수목장 비슷한 얘기를 하길래, 오늘은 웬일로 그런 얘기만 나오는지 신기하다며 우리 부부는 웃었다.

나는 딸에게 산소에 모셔놓고 잘 가보지도 않는 불효보다는 가까운 동산이나 바다에 산골(散骨)한 후 가족들이 즐거운 마음으로 그곳을 찾아 추모한다면 돌아가신 부모는 자식들에게 부담을 주지 않아 좋고, 자식들은 기꺼이 자주 가볼 수 있어 좋은 게 아니냐고 나의 의견을 전했다.

딸아이도 우리의 아름다운 산자락이 묘지 때문에 더 이상 흉물스러워서는 안 된다며 전적으로 나의 의견에 동감했다.

시대의 변화에 맞게 우리의 장묘문화도 바뀌게 될 것임을 예견할 수 있었다.

수신제가(修身齊家)의 과제

어제 등산길 초입에서 정원을 손질하고 있던 전직 건설회사 회장 출신을 만났다. 동행했던 이교수의 소개로 짧은 시간 동안 대화를 나눌 수 있었는데 그분께서 왈 "육십 넘을 때까지 회사 일에 몰두하다 보니 가정엔 너무 소홀해서 지금에서야 마누라 좀 거들려고 노력 봉사하고 있다"고 털어놓았다. 순간적으로 나도 그분 생각에 동감을 할 수 있었다. 그분 얘기인즉 건설회사 CEO까지 하려면 개인이나 가정 다 팽개쳐야 오를 수 있단다.

주변을 살펴 보면 사회에서 성공한 사람들의 대부분이 집안일은 부인한테 맡기고 바깥일에만 전적으로 신경 쓰며 살아간다. 나 같은 소인배도 직장에 다닐 때나 사업을 할 때나 가정에는 소홀했던 게 솔직한 심정이다. 물론 만점을 받으려면 안팎 모두에 잘해야 되지만 현실은 그렇지 못하다. 몸과 마음을 닦아 수양하고 집안을 보살핀다는 게 나 같은 능력이 부족한 사람들에게는 무척이나 어려운 과제이기 때문이다.

나는 특별한 일이 없는 한 일요일에는 늘 집사람과 함께 간단한 산행을 한다. 진짜 산을 타는 사람들 시각으로 보면 산책 정도에 불과하지만 일주일에 한 번씩 집사람으로부터 주간업무보고를 받는 자리이기에 무척이나 소중한 기회이다. 주간업무보고의 내용은 우리 자식들의 근황과 주변 사람들의 소식, 그리고 살림살이 문제 등등 이야기 소재는 다양하다. 산행 중에 집사람의 얘기를 들으면서 내가 의사결정을 해야 할 때가 많다.

몇 년 전에는 딸아이가 영국에 공부하러 갈 욕심으로 새벽마다 집을 나서 영국대사관에 들러서 어학강좌를 듣고 학교로 갔는데, 돈이 없어도 보내야 되지 않겠냐며 슬며시 내 의중을 떠보는 집사람의 업무보고에 대해서 나는 가장으로서 경제적 해결책을 고민하게 되었고 곧 의사결정도 내려줘야 하는 처지가 되었다.

그리고 몇 년 후에는 둘째인 아들 녀석이 군대 갔다 와서 복학했는데 교환학생으로 외국대학에서 3학년을 다니려고 한다는 보고를 받고 "미국이나 영국은 안 된다고 그래! 1년간 체류하려면 꽤 많은 돈이 드는데 어떻게 하려고 그래?" 하면서 조건부 승인을 해줬던 기억도 있다.

딸아이가 졸업반일 때 취직은 안 하고 공부를 더 하려고 한다고 들었을 때 "무슨 소리야! 대학원 가면 한 푼도 못준다고 해!"라고 했더니 집사람 왈, 기업에서 5학기 동안 학자금 다 대주고 월급 형식으로 용돈도 준다고 교수님이 제안했단다. 그래도 나는 절대 안 된다고 잘라 말했다.

한 번은 집사람이 딸아이에게 중매 들어온 얘기를 꺼내기에 "당신 생각은 어때?"라고 반문했던 일도 있다. 그리고 이사 가는 문제 등등 나는 이런 주간업무 보고를 통해서 큰 방향은 내가 잡고 일상적 관리는 집사람에게 일임하면서 가사를 이끌어 왔다. 언제나 집사람에게는 "당신이 애들 다 키웠지, 내가 뭐 한 것 있나"라고 고마움을 표시했다.

나는 이런 식으로 집안 내부 일은 안사람에게 맡기고 바깥일에만 신경을 쓰며 살아왔다. 그러니 수신제가라는 어려운 과제도 나 혼자 한 것이 아니라 집사람의 조력으로 풀었던 셈이다.

어제 만났던 전직 건설회사 회장의 말씀을 마음속에 간직하며 이제부터라도 늘 바쁜 일상 때문에 일 외의 것들을 송두리째 놓치고 살아가는 우를 범하지 않아야겠다고 다짐해 본다.

아버지

가족을 위해서라면 그 어떤 일이라도 해내는 씩씩한 아버지, 과연 나도 그럴까?

어떻게 생각해 보면 "나도 그래"이고 다르게 보면 "100%는 아니야"라고 자문자답해본다.

어느 보험회사의 책자에 적혀 있는 이 글을 보면서 나 자신에 대해 평가를 해 본 결과이다. 이 세상에 아버지라는 존재는 각자가 생각하기에 따라 다르게 정의될 수 있다. 가족사랑은 뒷전이고 바깥일에만 우선하는 아버지, 이러한 부류의 아버지는 일에 충실하는 것이 가정을 위하는 길이라고 생각하며 살아가는 사람이다. 세상에 가족을 생각하지 않는 아버지는 없겠지만 그래도 많은 시간을 밖에서 보내고 사무실 일을 자기의 삶에 있어서 최우선적으로 행동하는 것처럼 보이기에 가족들이 그렇게 분류해 놓은 것뿐이다.

또 한 가지의 유형은 양쪽에 모두 충실하려고 노력하는 양다리 아버지이다. 이런 아버지들은 사회생활을 잘 절제하면서 모든 요소를 분배함에 있어 가족과 함께하는 비중을 염두에 두고 살아가는 사람들이다. 아주 이상적인 스타일이고 이 세상의 모든 아버지들이 바라는 형태이지만 현실적으로 어려움이 많은 게 사실이다.

세 번째로 분류할 수 있는 아버지는 가정을 우선시하며 바깥 생활을 의식적으로 억제하는 유형이다. 이런 아버지들은 주변 사람들로부터 인기는 얻지 못하는 편이다. 그저 가족에게만 매달려 살기 때문에 시간적 경제적으로 바깥에 투자할 용기가 없기 때문이다.

마지막으로 가족과 일 모두를 등한시하는 유형이 있을 수 있겠지만 극소수의 사람들이 여기에 해당될 것이다.

이 네 가지의 유형 중에서 내가 어디에 속하는지는 나 자신이 볼 때와 가족이 평가할 때 다르게 나타날 수 있다. 또한 부인이 볼 때와 자식들이 보는 눈은 또 다를 수 있다고 생각한다. 사람마다 보는 입장이 다르기 때문이다. 그러나 한 가지 공통점은 가정에서나 사회에서나 저마다 최선을 다하는 아버지를 좋아할 것이다. 왜냐하면 내가 아버지 입장에서 우리 자식들에게 바라는 것도 직장에서도 일 잘하는 사람으로서 환영 받기를 기대하며 또 한편으로는 집안에서도 가족을 위하여 화목할 줄 알고 가족들이 좋아하는 역할을 스스로 해 주길 기대하기 때문이다.

내가 술에 취해 새벽에 귀가할 때에도 불만이 가득 찬 집사람에게 하는 말인즉 "다 식솔 때문에 이렇게 피곤하게 사는 거야" 하면서 이해를 촉구한다. 사실은 이 말도 맞지만 양심적으로 생각해 보면 바깥생활을 조금 절제 못해서 그런 거다.

그러나 여태까지 나는 "가족을 위해서라면 그 어떤 일이라도 해내는 씩씩한 아버지"로서 살아온 것이 솔직한 심정이다. 그네들이 즐거워하는 모습을 보면서 나도 행복했고 괴로워하는 느낌을 받았을 때는 내 마음도 편치 않았다.

이 글을 쓰는 중간에 아들 녀석으로부터 전화가 걸려왔다. "아빠! 뉴질랜드에서 연락 받았어요." 조금은 흥분된 목소리로 일주일 이내로 서류준비와 송금이 필요하다는 내용이었다. 나는 아들에게 뉴질랜드의 어느 학교냐고 물었다. 그 녀석 얘기로는 세계랭킹 52위의 오클랜드 소재의 대학이라며 그쪽 나라 환율이 많이 올라서 당초에 예상했던 비용보다 조금 더 많이 필요하다는 걱정까지 보태서 답변했다.

나는 "축하한다. 돈 걱정은 말아라. 은행에 대출 신청하면 하루 만에 받을 수 있다"고 하며 아들 녀석의 사기를 진작시켰다. 사실은 이 기쁜 소식과 함께 나는 동전의 양면처럼 한 가지 걱정이 더 생긴 것이다. 가족이 아니라면 이런 감정을 느낄 수 없을 것이다. 왜냐하면 아버지로서의 역할을 요청받았기 때문이리라. 힘은 들어도 자식 뒷바라지하는 보람도 있지 않는가!

그러면서 핑계 김에 아들 보러 간다고 올여름에 부부동반으로 뉴질랜드로 여행도 가는 거 아니겠는가. 뭐 우리네 삶이란 게 다 이런 거 아닌가. 아들 녀석도 이런 아버지의 심경은 지가 아버지가 돼서야 비로소 알게 되겠지만 말이다.

나는 할아버지를 못 보고 자랐다. 내가 태어나기 전에 돌아가셨기 때문이다. 우리 애들은 이삼 년의 짧은 기간이지만 할머니랑 할아버지 모두와 돌사진까지 찍을 수 있었다. 이제 나는 우리 애들이 내 나이가 될 때까지 건강하게 살면서 손주며느리와 사위를 보는 기쁨을 누리며 손자 손녀와 사진도 찍고 우리 자식들의 부모역할을 지켜볼 것이다. 내 생각으로는 그때 가서도 아버지의 존재 가치는 크게 달라지지 않을 것 같다.

아제르바이잔

일요일 아침 인천공항으로 가는 버스에 몸을 싣고 차창 밖을 내다보며 잠시 비 오는 휴일 아침의 광경을 감상하는 동안 버스는 다음 정류장인 8단지 앞에 도착했다. 도착하자마자 버스기사가 먼저 내려 손님들의 짐을 차 밑에 달린 트렁크에 넣고 다시 승차한 후 승객들로부터 한 명씩 요금을 받기 시작했다. 맨 마지막 승객은 양손에 가방을 들고 올라탄 20대 중반으로 보이는 청년이었다.

요금계산은 나처럼 아예 현금으로 내는 사람도 있지만 대부분이 카드로 전자결제를 했는데 이 청년도 후자를 택하였다. 그러나 이 카드 저 카드 다 동원해 몇 번씩 결제를 시도해 보았으나 정상결제가 되지 않았다. 그러자 황당해진 이 청년이 버스기사에게 "그럼 어떻게 하지요?"라고 물었다. 그 순간 처음부터 그 상황을 예의주시해 왔던 나는 대신 현금결제라도 해줄까 하는 생각이 스쳤으나 이내 접어버리고 이들의 다음 행동에 계속 관심을 가졌다.

버스기사 왈 "그냥 내리셔야죠!" 하는 것이었다. 정말 냉정한 답변이었고 융통성이 전혀 없는 사무적 행동이었다. 그 청년은 민망스러운 얼굴로 힘없이 하차하더니 버스정류장에 서서 고민하는 표정이었다. 나는 걱정이 되었다. 저 청년이 중요한 업무 때문에 출장 가는 경우라면 예약된 비행기를 놓치면 큰일인데 하면서 또 한편으로는 지금이라도 당장 불쾌함과 걱정을 떨쳐버리고 집으로 가든 은행으로 가든 현금을 준비해야 된다는 생각을 하고 있었다.

그렇다. 이 청년 세대가 나와 다른 점은 구식은 다 버리고 신식만 절대 신뢰하고 과신해서 예상치 못한 극한 상황이 벌어졌을 때 대처할 방법을 못 찾는다는 거다. 내 생각이지만 그 청년이 정치지망생이었다면 그 버스에서 내릴 게 아니라 일단 타고 나서 "여러분! 제가 현금을 준비하지 못했습니다. 죄송하지만 만 원만 빌려주시면 꼭 갚겠습니다"라고 말했을 것이다.

내 눈에 분석된 이 청년은 우리 아이들도 대동소이하겠지만 신식을 취하되 구식도 병행해서 준비하는 자세와 뚜렷한 목표의식으로 긴박한 상황을 꼭 타개하려는 용기가 부족했던 것이다.

경영학에서 배운 내용도 알고 보면 이익과 위험 두 가지 측면을 어떻게 조화롭게 택하느냐 하는 것이다. 또한 내가 그 버스기사였다면 나는 그 청년을 일단은 태우고 연락처를 주고받으며 나중을 기약했으리라. 물론 리스크는 나의 몫이지만 그 청년에게는 좋은 학습효과도 기대할 수 있기 때문이다. 그러나 결과를 보고 하는 얘기지만 그 버스기사는 청년에게 아주 훌륭한 경험을 선물하였다고 본다. 왜냐하면 이 청년은 다시는 이번 같은 시행착오를 저지르지 않을 것이 분명하며 이를 위해 항상 지갑 속에 구식현금과 신식카드를 같이 넣고 다닐 것이다.

의덕이가 근무하고 있는 아제르바이잔에 가기 위해 명수와 상하와 함께 AEROFLOT 항공기에 몸을 싣고 한 숨 자다가 일어나니 그 청년의 모습이 다시 내 머리를 스치고 지나갔다. 인천공항에서 9시간여를 타고 모스크바에 내려 아제르바이잔의 수도 바쿠에 가는 비행기를 갈아타려면 이 공항 안에서 6시간을 기다려야 했다. 우리 셋은 무료함을 달래기 위해 맥주와 음료수를 파는 간이 레스토랑 두 곳에서 가정문제, 사회생활문제, 건강문제, 친구문제 등 여러 가지 주제로 유쾌하게 얘기의 꽃을 피웠다. 이번 여행의 본격적 출발이 이곳에서 시작된 셈이었다. 모스크바에서 바쿠까지는 3시간 정도가 걸렸다. 나와 명수는 비행기에 오르자마자 잠에 빠져들었지만 상하는 뜬 눈으로 자리를 지켰다.

새벽 4시경에 바쿠에 도착하여 황박사를 만나 벤츠 차량에 몸을 싣고 운전기사가 우리를 내려준 곳은 아파트였다. 1966년도에 양정중학교에 입학하여 연을 맺은 40년지기 친구들이 이렇게 이국만리에서 모였다. 왕복 비행시간만 꼭 24시간을 넘게 투자해야 만들어질 수 있는 자리이니 그 의미 또한 영원한 추억거리임에 충분한 것이었다. 외교관 신분으로 가족과 헤어져 11개월을 혼자 이곳에서 기숙하고 있는 황박사와 만나기 위해 기업체를 운영하고 있는 명수, 은행지점장으로 근무 중인 상하와 서로의 귀중하고 바쁜 시간을 쪼개어 넷이서 의기투합한 결과였다.

사실 뉴욕에 있는 현웅이와 한국에 있는 태용이, 영규, 성재까지 8명 모두가 함께하고 싶었지만 현실은 우리의 이상을 받쳐주지 못함이 늘 아쉬웠다. 90년대에는 매년 한 번씩 동해바다 안인에 1박 2일로 가서 우정의 캠프를 마련했었지만 이것도 5, 6년 정도 지속되다가 이런저런 사정으로 흐지부지되었다. 그리고 2006년도에 명수와 상하랑 셋이서 뉴욕에 사는 현웅이를 만나러 열 몇 시간을 날아갔던 것이 큰 이벤트였다. 그 당시만 해도 역사상 남을 대사였고 네 명이 길다면 긴 시간을 이국만리에서 초등학생처럼 즐거워하며 동행했다는 의미가 무엇보다도 내 가슴 깊은 곳에 영원히 자리 잡게 되어 뿌듯한 추억의 언덕이 되었던 것이다.

나이가 들면서 느끼는 것 중 하나가 아무리 돈이 많아도, 시간이 있어도, 같이 어울려 줄 친구가 없다면 다 의미가 없는 것이란 생각이다. 나는 요즘 늘 생각하고 있는 게 하나 있다. 자의든 타의든 사회에서 은퇴하고 나면 칩거할 게 아니라 오피스텔이라도 개방하여 친구나 선후배나 O.B모임이나 동호인 모임 사람들이 자연스럽게 모일 수 있는 만남의 장을 마련하는 것이다. 내가 이 장소를 제공하고 여유 있는 사람이 십시일반으로 먹고 마실 거리를 자원해서 후원하면 그것만으로도 사람들 속에서 더불어 살아가는 환경을 유지할 수 있겠다는 생각이다.

사실 이곳은 관광명소는 아니어서 크게 볼거리가 없었다. 이곳 조상들이 사냥하며 살았던 모습이 바위에 그려져 있는 유적지 "고부스탄"에 다녀오다가 많은 사람들이 일광욕을 즐기고 있는 카스피해의 "초생달 비치"로 들어갔다.

나는 오나시스가 된 기분으로 오랜만에 친구 두 명과 함께 해수욕을 즐기면서 한없이 깔깔거리며 이곳 사람들의 휴양하는 모습을 구경할 수 있었다. 기름의 나라, 불의 나라로서 카스피해 쪽은 그야말로 유정이 한없이 산재해 있었다. 9월 초였지만 이곳에는 많은 사람들이 해수욕을 하고 있었다. 처녀시절에는 늘씬한 몸매를 자랑했지만 나이가 들어 아줌마가 되면 대부분 엉덩이가 아주 크고 허리가 굵은 체형으로 바뀌는 것은 식사문제에서 기인한다는 걸 주위 사람들로부터 알 수 있었다. 회교국이지만 무늬만 그렇고 우리가 아는 것처럼 강성은 전혀 아니고 온전한 트루크족이었다. 또한 이번 여행 중에 정통부

각료를 만나서 비즈니스 상담을 할 수 있었던 것도 미팅을 알선해 준 친구의 말대로 그야말로 행운이었다.

카스피해의 높은 파도로 인해 쓰고 있던 안경이 벗겨져 바닷물 속에 빠뜨렸으나 수영을 잘하는 친구 덕분에 잠시 후에 다시 찾을 수 있었던 것도 나에게는 소중한 추억이자 행운이었다. 나는 내 안경을 친구들에게 카스피그라스라고 명명한다고 말해서 또 한바탕 폭소를 자아냈다. 사실 이때 나는 내 친구가 반드시 찾을 것이란 믿음을 갖고 있었고 그 믿음이 현실로 나타났던 것이었다. 살아가면서 누군가에게 신뢰받고 누군가를 신뢰할 수 있다는 그 자체만으로도 나는 어느 누구보다도 행복한 놈이라는 걸 느끼고 있었던 것이다.

땅바닥에서 24시간 365일 가스가 분출되어 계속 불이 살아있는 모습을 보고 고등학교 때 배운 배화교가 이곳에서 태어났다는 사실도 알게 되었다. 땅에 고여 있는 검은 물체가 석유라는 걸 처음으로 목격할 수도 있었다. 또한 머드볼케이너라고 하는 곳에도 가 보았는데 가스가 검은색 진흙을 계속 밀어내며 보글보글 끓는 모습은 너무너무 신기하기만 하였다. 이 구멍에 돌을 넣고 폭발하는 과정을 기대하는 친구의 모습을 보며 초등학생이 된 기분도 맛보았다.

나중에 숙소에 돌아와서 우리 친구가 “옆에 물만 있었다면 그 분출구에 팔을 넣어보고 싶었다”라는 말을 건넸을 때 여행이라는 것이 이렇게 사람을 천진난만한 동심의 세계로 빠져들게 하는 힘이 있구나 하는 생각을 하였다.

이 지구상에 특정한 소수인원만이 갈 수 있는 아제르바이잔 여행은 인생의 낭만을, 친구의 소중함을, 여행의 독특한 맛을 우리에게 남겨주었다. 내년에는 중국의 북대황이란 곳을 가기로 친구들과 다짐하며 또 다른 미래의 행복을 세웠다.

"좋은 친구는 인생을 바꿀 수 있는 위대한 힘을 가졌다"는 글이 생각난다.

어느 동갑나기 택시기사

사반세기 넘게 모시고 지내는 선배님과 20여 년 동안 지켜봤던 작은 선배님과 함께 산에서 내려와 어느 두부요리 집에서 동동주 한잔을 기울인 후 다음 약속장소로 가기 위해 버스 정류장 옆에서 손님을 기다리고 있는 열 대 정도의 택시 중에 앞에 서 있는 개인택시에 몸을 실었다. 그 차에서 나는 향기로운 냄새가 깨끗한 인상을 더욱 느끼게 해주었고 기사의 머리상태도 짧고 단정하였다. 술을 한잔 한 후라서 택시 기사에게 말을 건넸다.

"기사님, 택시가 아주 깨끗하고 향기롭습니다" 하였더니 새로 뽑은 지 얼마 안 되어서 그렇다고 대답했다. 기사분에게 요즘 경기가 어떠냐고 물었더니 그 양반 왈 "죽을 지경입니다. 하루에 삼만 원 벌이가 힘들 정도입니다!"라고 즉답을 건네 왔다. 그러면서 빌려준 빚을 받으러 몇 년간 고생하다가 이게 아니다 싫어 택시를 하게 되었다는 것이다. 어떤 때는 아파트 베란다에서 뛰어내리고 싶은 마음도 한두 번이 아니었고 그래서 자살하는 사람들의 심정을 이해할 수 있었단다. 그러면서 "손님은 내가 보기에 저와 비슷한 연령인 것 같은데 택시 하면서 별일을 다 겪으며 스트레스를 받습니다"라고 묻지도 않은 얘기를 들려줬다.

술을 잔뜩 먹고 타자마자 들어봐도 별 얘기가 아닌 통화에만 열중하다가 사거리 직진을 해버리면 "왜 이리로 가느냐!" 하면서 차를 돌리라고 하는 취객도 있는가 하면, 술에 취한 상태로 택시에 오른 여자가 바로 잠에 빠져들어 아무리 얘기해도 대꾸가 없어 일어나라고 몸을 툭툭 쳤더니 성폭행했다며 파출소까지 갔었단다. 그때 무조건 손님 의견만 들어주며 택시기사 의견은 무시해 버려서 요금도 못 받고 시간만 뺏기고 나오는 재수 없는 날도 있다고 했다. 그런가 하면 한 달에 세 번 정도는 요금이 왜 이렇게 많이 나왔냐며 시비를 걸어와 싸우다 싸우다 결국 요금 받는 걸 포기하는 경우도 생긴단다.

저녁 퇴근시간이라 도로에 차량이 꽉 차서 달리는데 앞에 가던 택시가 옆에서 불법으로 진입한 어느 여성기사 때문에 급정거를 하면서 뭐라고 막 야단을 치고 있었지만 상대방은 끄떡도 안 하고 있었다.

내가 탄 택시 기사분도 저럴 때 무척이나 스트레스를 받는다며 신호 때문에 옆에 선 아까 그 택시기사에게 "그냥 밟아버리지 그랬냐"고 위로의 말을 전한다. 택시기사에게 나는 5년 전부터 "버리고 살자"는 마인드를 갖기 위해 노력하며 살다 보니 이젠 웬만한 사건에 대해서 그냥 화도내지 않고 지나쳐 버린다고 했다. 그랬더니 그 양반 왈, 아주 좋은 일이라며 자기도 받을 돈을 포기해 버리니까 마음의 안정을 찾을 수 있었다고 했다. 그러면서 올해 나이 55세이고 부인이 초등학교 교사이기에 자기가 한 달에 팔구십만 원을 벌어가도 생활을 유지하며 그래도 자식들이 똑바로 커준 게 고마울 뿐이란다.

"저랑 동갑이시네요! 저는 늘 매사에 감사한 마음으로 일상을 살아갑니다"라고 했더니 정말 좋은 방법이라며 나 자신에게 짜증을 내봤자 우리만 손해 아니냐고 회답했다.

나도 이 기사양반처럼 아침에 일어나 일이 있는 장소로 나갈 수 있다는 것을 감사하게 생각하며 살아가야 하는 나이가 되었구나 하는 생각이 들었다. 그러면서 초등학교 교사인 그 택시기사 부인의 심정을 생각해 보며 내가 5년 전에 사업을 정리하기로 하고 술에 만취된 상태로 귀가해서 집사람에게 "여보, 나 며칠 지나면 백수 되네" 했더니 "당신이 여태까지 고생해서 우리 식구가 이렇게 살아왔는데 좀 쉬면 어떠냐"고 격려의 말을 건넸을 때 가슴이 찡했던 기억이 머리를 스치고 지나갔다.

가족이 55세의 우리 같은 가장을 이해해 줄 때 아빠들은 삶의 의미를 찾게 되며 가족의 소중함을 느끼는 게 아닌가.

며칠 전에 집사람이 딸이 전주로 문상을 가서 늦게 귀가할 거라는 얘기를 전해주며 둘밖에 없는 집에서 "여보, 늙어서는 부부밖에 없는 거래"라고 했던 말이 떠올랐다.

아까 등산할 때와 저녁자리에서 선배들이 하던 말도 똑같았다. 가족 때문에 열심히 살아야 하고 자식들에게도 자꾸 손 벌리면 멀어지는 법이란 얘기 말이다. 노후에 인생의 연착륙을 위해 이젠 무리수를 둬서도 안 된다는 게 우리 세 사람의 공통된 인식이었다. 오늘의 교훈은 이젠 욕심 버리고 매사를 긍정적으로 생각하며 살아갈 나이가 되었다는 것이다.

어느 칠십대의 낮술 좌석

어느 대학 교수와 합동으로 중매를 선 후 당사자들의 자유로운 분위기를 보장하고자 서둘러 자리를 함께 일어서면서 내가 "교수님, 막걸리 한잔 하러 갑시다!" 하며 맞선보는 선남선녀들로부터 벗어나려고 일종의 제스처를 했다.

우리들이 다음 좌석으로 간 곳은 토요일 오후라서 그런지 몰라도 자리가 많이 비어 있었지만 입구 쪽 넓은 좌석에 70대 노인양반들이 칠팔 명 담소를 나누고 있었다. 귀에 들어오는 대화내용인즉 "정박사! 그게 아니에요. 내가 그 당시 그 업무를 밀어붙여서 성사된 거요!" 하면서 40대에 일어났던 일들을 회상하고 있었다. 과거의 추억을 벗 삼는 계층이었던 것이다.

우리 좌석에서 이삼 미터쯤 떨어져 앉은 70대의 노인양반들은 곱게 늙었기에 오늘의 이 자리에 함께한 것으로 보였다. 그 노인양반들의 대화는 동시에 두세 가지 테마로 각각 얘기를 열심히 나누고 있었다. 그 대화시간은 오래가지 않아 멈추고 자리를 떴다. 술 힘도 약해지고 집에 가서 천박꾸러기 대접을 안 받으려고 일찌감치 일어서는 것으로 내 눈에는 비쳐졌다.

젊음이란 커다란 바위 앞에서는 세월도 말리지 못하는지 그저 아름다운 영웅 같은 젊은 시절의 추억만으로 무장되어 있는 계층이었다. 우리도 머지않아 추억만을 소재로 안주삼아 얘기를 나눌 수밖에 없을지언정 지금 이 시간만큼은 우리의 젊음이란 재산이 훨씬 값지게 느껴졌다.

곧이어 젊은 여자 고객 두 명이 입장했건만 이 집 분위기를 일찍 간파한 듯 한 바퀴 돌더니 바로 나가 버렸다. "또 오세요!" 하는 주인의 인사를 뒤로하면서.

사람은 각자 역사를 갖고 늙어가는 모양이다. 나도 항상 나 자신에게 바라는 것이 최소한 65세, 욕심내면 70세까지 일하는 게 정신적 신체적 관리 측면에서 가장 바람직하다는 의견을 이 교수에게 피력했다. 물론 대학교수의 정년은 65세라는 걸 알고 있었다. 사실 이교수와 나는 같은 연령으로 지식관이나 사회관 기업관 등에 대해서 의견의 큰 차이는 없었다. 그저 막걸리 친구 같은 관계였기에 오늘과 같은 중매 자리에도 함께할 수 있었던 것이다.

사람의 나이는 어떠한 환경도 제지할 수 없다는 사실을 인정하면서도 나는 매일아침 거울을 볼 때마다 "나는 젊었어!" 하며 반박해 본다. 아무리 몸부림쳐도 시간의 흐름은 나의 생각과 같이할 수 없는 걸 알면서도 말이다.

이교수 왈 "요즘은 이쁜 애들을 보면 며느리나 사윗감으로 생각된다"며 나이 들어가는 현상을 스스로 인정한다. 나도 이 견해에 반대하지 못하는 것을 보면 나이가 먹어감에는 어쩔 수 없는 모양이다. 사람들은 내 나이를 생각하지 않고 늘 남의 일이라고 지나쳐 버리려 한다. 즉, 나이 먹기가 싫다는 얘기요 자신의 나이를 인정 못하겠다는 자세이다. 그러나 어찌하랴. 자식들이 나이 들어가면서 내가 원하든 원하지 않든 독립해야 될 때가 나에게 다가오고 있는데 말이다. 역시 세월 앞엔 장사 없다는 옛말이 하나도 틀린 게 없다는 걸 다시 한번 절실하게 느끼게 된다.

여름감기와 자전거

온 국민이 폭염으로 밤잠을 설치는 7월 중순의 일요일, 한낮 내내 야외활동을 하면서 더위를 먹어서 그런건지 아니면 야외활동 후에 에어컨이 빵빵한 승용차와 음식점 안에서 장시간을 머무르다 냉방병에 걸린 건지 목이 칼칼하고 콧물이 줄줄 흘렀다. 두루마리 휴지를 옆에 쥐고 연신 코를 풀어 댔더니 머리까지 띵해졌다.

감기약을 먹으니 얼마 되지도 않아 그대로 꼬꼬닭이다. 이를 지켜보던 집사람은 얼른 안방에 들어가 자라고 성화다. 나는 천성적으로 추위는 타지만 더위는 잘 이겨냈는데 올여름에는 연일 계속되는 촛불시위로 한반도가 더 뜨거워져서 그런지 나도 어쩔 수 없이 한여름의 감기환자로 전락하고 말았다.

감기란 피로 누적에 의한 결과로 기가 감소했으니 당분간 휴식을 통해서 기를 보충하라는 신체의 경고로 나는 받아들인다.

이 감기가 오기 전에 열흘 동안의 고된 해외 출장 기간에는 물론, 귀국 후 약 20일 가까이 헬스클럽에도 한두 번밖에 안 갔으니, 오십 중반 나이에 건강관리를 게을리한 죗값을 받을 만도 하였다.

피로 누적의 내용도 본인이 더 잘 알고 있다. 한 열흘간 국내를 비웠다고 그동안 밀린 술좌석이 주말까지 이어졌고 술좌석이 많아지면서 자연스레 담배도 더 피게 되고 늦게 귀가하게 되니 수면도 불규칙해져 감기에 걸릴 요소는 완벽하게 다 갖춘 셈이었다. 그래서 이럴 때 위기를 기회로 삼는다고 이번 감기를 치료하는 동안에 여태까지 평생 몇 번씩이나 끊었다 피웠다 했던 백해무익 담배를 죽을 때까지 손에 대지 않기로 마음을 먹게 됐다(?).

이러다 보니 아주 미련한 생각이지만 마음 한편으로는 여름 감기가 빨리 낫는 것을 바라지도 않게 되었고 오히려 조금 오래가야 담배를 끊는 데도 도움이 되겠다는 생각이 들었다. 그러면 술좌석도 감기가 끝나야 합세가 가능하니깐 금연 환경조성에 시간적으로 상당히 유리하다고 판단했던 것이다.

그러면서 벌써 20개월 넘게 매월 고혈압 약을 처방해 주는 박내과 원장이 나를 볼 때마다 "몸무게는 70kg 이하로 유지하시고 담배는 어떻게든 꼭 끊어야 혈액순환이나 당뇨에 좋습니다. 한 번 실천해 보세요!"라고 늘 강조했던 말도 떠올랐다.

그리고 담배를 워낙 좋아하셨던 큰매형도 금년 5월 하순에 심근경색으로 병원에 입원하셨다가 3일 만에 하늘나라로 가버리신 기억도 내 머리를 스쳐갔다. 42년지기 친구들 중에도 점점 담배를 안 피우는 인원이 늘어나는 추세이고 공항은 물론 웬만한 빌딩에서도 흡연자는 예우를 받지 못하는 세상이 되었다. 게다가 지난 주 금요일 오후 내내 김용규 교수의 도움을 받아 어렵게 사놓은 자전거를 이번 기회에 타기 시작해야겠다는 의지도 발동했다.

사실은 이 자전거를 바로 다음날인 토요일부터 타보려고 했건만 집안에 큰 행사가 있었고 일요일에는 야외 활동도 기다리고 있어 무리하지 말고 월요일부터 시작해야지 마음먹었다가 냉방 감기로 또 다시 미루고 있던 참이었다. 그래서 이열치열로 감기를 이겨내는 방법으로 저녁식사 후 소화도 시킬 겸 여러 사람들 눈도 피할 수 있어 좋고 숙면을 위하여 용기를 내어 반바지에 반팔티셔츠 차림으로 새 자전거와 함께 처음으로 집을 나서게 되었던 것이다.

과천에서 양재동까지 왕복을 첫날 목표로 설정하고 다른 사람의 안전을 위하여 앞 라이트를 켜고 개울물을 벗 삼아 서두르지 않고 천천히 페달을 밟는데 밤벌레들이 내 얼굴에 사정없이 달라붙었다. 모자 가운데와 허리 뒤에 깜박깜박 거리는 안전조명등을 장착하고 야간 러닝을 하는 사람, 양손에 작은 아령을 하나씩 쥐고 셋이서 한 줄로 정겨운 대화를 나누며 빠른 속도로 걷는 아주머니, 남편 둘은 나처럼 자전거를 타고 부인 둘은 나란히 걸으면서 만났다 헤어졌다를 반복하는 50대 후반의 두 쌍의 부부들, 멋진 복장으로 뽐을 내고 서너 명이 한 팀을 이루어 내가 따라갈 수 없는 속도로 달리는 사이클 마니아들, 다리 밑에서 혼자서 색소폰을 부는 60대 초반의 남성, 교회에서 나왔는지 이삼십 명의 남녀가 배낭을 메고 가볍게 걷는 단체 등등 자전거 덕분에 새로운 밤 세계의 문화를 체험할 수 있었다.

엉덩이가 아파서 돌아오는 길에 3분의 1은 자전거를 끌고 걸어왔지만 오랜만에 아주 신선함을 맛볼 수 있었던 여름밤이었다. 저녁식사가 다 소화되지는 않은 것 같았으나 속이 거북스럽지는 않아 편안했다.

내 마음속으로는 '내일 저녁에도 타야지!'라는 굳은 의지가 솟구쳤고 이렇게 밤마다 운동을 하는 습관을 갖게 되면 귀가 시간도 빨라지고 박내과 원장의 건강관리 지침도 이행할 수 있고 술좌석도 줄이고 배도 줄이고 담배도 끊고 새로운 밤 세계를 매일 만나고 또 주말에는 김교수 뒤를 따라 멀고도 넓은 잠실 쪽이나 여의도까지도 자전거로 정복해 보는 맛! 이거 아주 일미일 것 같다.

우리네 삶이란 이렇듯 환경을 조금만 바꿔도 새로워지고 기대가 되며 긍정적인 생각을 갖게 되고 즐거운 마음이 생길 수 있다는 걸 여름 감기와 자전거를 통해서 다시 한 번 확인할 수 있었다.

자전거 문화를 정착시킨 후 또 뭘 도전해 볼까?

여유와 강박관념

사람이 시간적 여유가 있으면 운전할 때에도 급하게 서둘지 않아 안전운행을 할 수 있다. 그러나 시간이 급할 때는 몇 분이라도 앞당기려고 조급하게 운전하게 되어 신호위반은 물론 과속, 불법 차선변경 등 사고를 유발시킬 만한 모든 악조건을 동원하기 마련이다. 고스톱을 칠 때도 주머니에 여유가 있는 사람은 느긋하게 점수를 불려나가며 기회를 최대한 이용하여 최고 금액을 노리게 된다. 그러나 주머니가 달랑달랑한 사람은 소극적으로 대응하게 되어 결국은 좋은 기회를 극대화시키지 못하고 작게 작게 이기다가 한 번에 크게 당하여 밑천이 바닥나게 되어 있다.

얼마 전에 어느 신문사 주관으로 은퇴설계 및 이민계획에 대한 행사가 개최된 적이 있다. 토요일 아침이었는데 집사람의 친구가 친정어머님상을 당해 삼성병원에 문상하러 같이 갔다가 집사람은 남겨두고 혼자서 강의 장소에 가서 많은 사람들과 함께 강연을 들었다. 강연장에 들어가 보니 30대 부부에서부터 칠순 노인까지 앉아있었다. 나는 50대에 진입한 후에 비로소 노후걱정을 시작했는데 요즈음 젊은 사람들은 일찌감치 계획을 세우려고 높은 관심을 보인다는 점에 새삼 놀라지 않을 수 없었다. 경제적으로 30대의 나이에 소득 활동이 왕성할 때부터 먼 훗날을 걱정하며 계획적 행동으로 은퇴 후를 대비한다는 뜻이었다. 즉, 여유가 있을 때 소득이 없어지는 어려울 때를 미리 준비한다는 것이었다.

강의 내용 중에 숫자적으로 기억에 남는 것은 은퇴 후 60세부터 65세까지가 그동안 일하느라고 자제했던 부부동반 여행이나 취미생활을 가장 활발하게 할 수 있는 시기이고 또 그렇게 해야 한다는 것이었다. 65세가 넘으면 경제적으로 여유가 있어도 몸이 따라주지 않아 마음먹은 대로 은퇴 후에 하고 싶은 활동을 할 수 없게 되는 경우가 많아진다는 것이다.

70세가 넘으면 음식을 먹어도 입맛이 옛날 같지 않아 돈 씀씀이가 줄어들게 된단다. 가만히 들어보니 다 맞는 얘기 같았다. 동창생 골프모임도 사망이나 병원입원 등 이런저런 사연으로 자동적으로 해체되어 버렸다는 칠순이신 큰매형의 말씀이 생각난다.

강의에서 들은 또 한 가지 얘기는 월 200만 원이면 배우자와 둘이서 그냥 밥 먹고 사는 데는 지장이 없지만 그래도 300만 원은 있어야 조금은 여유가 생긴다는 것이었다. 그리고 평균수명은 요즘 추세를 감안하여 최소한 80세를 잡아야 된다는 것이었다. 나는 강의를 들으면서 머릿속으로 암산을 해보았다. 강사의 의도대로 최소한 60세까지는 일을 한다고 가정했을 때 60세부터 20년간 필요한 노후자금은 연 3,600만 원씩으로 7억2천만 원이란 현금이 확보되어 있어야 한다는 계산이 나왔다. 그런데 문제는 이것만이 아니었다. 지금 이 나이부터 60세까지 일도 하며 소득이 있어야 하지만 은퇴 후에 쓸 현금 7억2천만 원이라는 거금도 어떻게 마련해야 될지 그 방법이 떠오르지 않았다.

잠시 시간이 흐른 뒤 내 머리는 낙천적으로 돌아가기 시작했다. "그래! 이거다. 뭐냐 하면 70세까지 일을 해야 한다. 그러면 노후자금으로 준비해야 될 돈은 3억6천만 원으로 줄어든다. 아니 강사의 얘기대로 70세 이후에는 월 200만 원이면 된다니까 2억4천만 원이면 되겠구나!"

이 돈은 요즘 유행인 살고 있는 아파트를 금융기관에 저당 잡혀서 월간 100만 원 정도씩 받아쓰는 방식을 채택하면 되는 것이고, 또 하나는 국민연금을 열심히 부어 월 100만 원씩 수령하면 되겠다는 판단이 섰다. 그리고 질병 대비는 여태까지 불입하고 있는 각종 생명보험으로부터 충당하면 되겠다는 생각을 하였다. 너무 고민하지 말고 긍정적으로 살아가자는 몇 년 전부터 바뀐 내 의식으로 문제를 해결한 셈이다.

대충 이런 식으로 정리하고 나서 책상 위에 놓여있는 신문에 보도된 기사를 보니 노후대책으로 자식, 직장, 정부를 믿으면 안 된다고 했다. 노후에 자녀들이 나를 돌봐줄 것이라는 기대는 금물이고, 직장에서도 노후 걱정 없이 살아갈 만큼 퇴직금을 줄 리가 없으며, 정부에서 지급하는 국민연금도 믿을 게 못 된다는 것이다. 더 중요한 건 돈만 있다고 은퇴준비가 끝났다고 생각하면 안 된다는 것이다.

미국 은퇴자 협회에서는 일, 자원봉사, 취미, 평생학습, 오락, 건강, 가족, 주택, 운동, 여행, 돈, 보험 등 은퇴 후 삶의 계획에 대하여 체크해 보라고 권고하고 있단다. 여기에 같이 놀아줄 친구도 매우 중요하다고 생각된다. 아무리 경제적 여유가 있어도 비싼 음식을 혼자 먹을 때를 상상해 보자. 무슨 맛이 있겠는가. 건강하지 못한 사람에게 아무리 맛있는 음식이라 하더라도 입맛이 당기겠는가. 그리고 음식만 골라 먹으면서 어떻게 멋있는 노후생활을 영위하겠는가.

자식들과 친구들, 선후배들을 초대해서 황토방 앞마당 잔디 위에서 석쇠에다 삼겹살을 구우며 별이 빛나는 밤하늘 아래에서 옛 추억을 노래하며 막걸리 한잔 기울여야 진짜 여유 있는 노후가 아니겠는가.

그렇다! 여유란 내 마음속에서 만들어 내는 것이라고 믿고 있다. 괜스레 강박관념에 사로잡혀 매사를 불안해하는 것은 현실적으로 풀지도 못할 것을 부정적으로 고민만 하며 살게 되어 정신적으로나 신체적으로나 다른 사람들에게나 좋을 일이 없다. 욕심을 버리면 마음의 여유가 생기게 마련이고 그 여유는 항상 미소 짓는 얼굴을 만들어 내어 많은 사람들로부터 호감을 얻게 되는 것이다. 그러면 본인 자신은 더 행복하다고 느끼며 살 수 있다.

나는 사회 은퇴 후 얻게 되는 시간적 여유를 새로운 세계에 도전하는 기회로 삼아 그간 못다 했던 것들을 시도해 볼 것이다. 그래서 나는 은퇴 전보다 더 바쁘고 재미있게 그리고 보람되게 살아가리라.

오십 중반의 일

어젯밤에 만났던 박사장은 한 통화의 전화를 받고 난 후 "어! 이상하다. 그 사람 말투가 어눌하네…" 하며 뭔가 잘못된 거 같다고 반복해서 나에게 얘기했다. 우리와 같은 오십 중반의 그 사람이 평소 말투와 다르게 술에 만취했을 때처럼 발음이 명확하지 못하다는 얘기였다. 우리는 똑같이 해석했다. 중풍이 온 거라고. 그러면서 "그 병이 오면 무조건 쉬면서 안정을 취해야 하는데"라며 걱정했다. 사업도 건강해야 손님이 찾아오는 것이지 병들면 단골도 끊기게 되어 있다. 사람을 못 믿는 게 아니라 건강을 못 믿기에 아무래도 거래관계를 다시 한번 생각케 하기 때문이다. 그 양반은 얼마나 사업에 스트레스를 받았으면 그럴까 하고 남의 일로 생각되지 않았다.

코카콜라는 존 펨버턴이라는 사람이 55세에 만들었다고 한다. 맥도날드는 레이크록이 53세에 창업했다고 하는데 아까 박사장이랑 통화했던 그 양반은 이 나이에 중풍이라면 너무 슬픈 내 주변의 얘기가 된다. 이제 반백을 넘긴 나이지만 때로는 스무 살 청년보다 더 청춘을 갈구하며, 늙었다고 생각하지 않고 뭔가 새로운 세계에 도전하며 살겠다고 몸부림치는데 중풍이라면 정말 슬픈 얘기다. 요즘은 육십이 넘어도 젊게 사는 사람이 허다한 세상으로 변했기에 더더욱 마음이 아프다. 지금의 나는 나이에 대한 강박관념은 잊고 살며 과거보다 미래를 그리고 지금 이 순간을 건실하고 자신 있게 살기로 작심했건만 그 양반 얘기를 듣고 난 후 건강관리에 대한 중압감을 떨쳐버리지 못하는 게 솔직한 심정이다.

그렇지 않아도 요즘 체중을 줄이기 위해 저녁식사를 거르거나 일찌감치 간단하게 먹고 술좌석은 줄이며 술을 먹더라도 예년과 같이 횟수와 양으로 채우는 게 아니라 그저 분위기를 해치지 않는 정도로 자제한다. 귀가 후에는 속옷만 입고 체중계에 올라 몸무게를 체크하는 그야말로 비만과 혈압을 대상으로 전쟁 중인데 젊었을 때처럼 쉽지가 않다는 사실을 매일 느끼며 살고 있다. 내가 건강하게 살아야 하는 이유는 사회생활을 오랫동안 지속해야 하고 그래야 자식에 대한 부모의 의무를 다할 수 있고, 주머니에 있는 돈을 병원에 갖다 주지 않고 즐겁게 쓰며 또한 젊게 늙어갈 수 있기 때문이다.

"와이어-투-와이어" 인생살이

우리의 호프 최경주 선수가 2008년도 새해 벽두에 나를 기쁘게 했다. 소니오픈에서 우승을 했다는 것은 내가 할 수 없는 역할을 대신해서 온 국민이 대리만족할 수 있도록 했다는 데 더 큰 의미가 있는 것이다. 내가 프로골퍼 최경주를 좋아하는 이유는 늘 꾸준하게 변함없이 노력하며 세계적인 스타선수 반열에 올라선 후에도 거들먹거리지 않고 겸손한 행동으로 일관한다는 것이다. 남자 골프대회에서 1라운드부터 4라운드까지 선두를 놓치지 않고 계속 1위를 지키다가 우승한다는 것은 정말 무척이나 어려운 실적이다. 우리네 삶이 와이어-투-와이어(wire-to-wire)와 같이 늘 성공하면서 살아갈 수만 있다면 그보다 더 바랄 것이 어디 있겠는가.

부모 입장에서 자식들이 한 단계 한 단계 사회적 관문을 통과할 때마다 우리는 얼마나 많은 대리만족과 행복을 맛보았는

가. 이것 때문에 월급쟁이가 한 달 소득 전체를 애들 과외공부에 퍼붓고 좋은 학교에 진학해 주기를 학수고대하는 것 아니겠는가. 부모 자신은 허리띠를 졸라매고 궁핍한 생활로 고생 고생하면서도 내 자식만큼은 남보다 앞서 주기를 바라는 간절한 마음은 돌아가신 나의 부모님도 그랬고 부모가 된 나도 똑같은 심정이리라. 내가 자식일 때는 몰랐지만 내가 부모 입장이 되고 나서야 알게 된 사실이지만 말이다. 내가 그걸 먼저 알았다면 부모님 생전에 더욱 공부를 열심히 하여 장학금도 받고 좋은 학교에 진학도 하여 효자 노릇을 했을 것이다.

요즘 주말과 공휴일에 빠짐없이 산행을 실천하려 하고 또 산에 오르게 되면 거북이처럼 꾸준하게 나의 신체적 능력에 맞게 걷고 있다. 남이야 히말라야 팔천 고지를 오르든 말든 나는 우리 집 뒤에 있는 청계산을 그리 빠르지 않은 속도로 꾸역꾸역 올라가는 것이다. 나의 이런 모습이 최경주의 “와이어-투-와이어” 승리에 버금간다고 생각하며 등산의 행복을 만끽하는 것이다. 내가 여태까지 살아오면서 배운 철학은 인생은 욕심내는 대로 억지로 되는 것이 아니라는 것이다. 항상 자기의 능력을 냉엄하게 돌이켜보며 진인사대천명의 마음으로 거기에 맞게 처신하는 것이 현명하다. 체력도 안 되는데 과욕으로 산을 뛰어오른다면 얼마 가지도 못하고 지쳐 버려 결국은 거북이보다도 못한 토끼가 될 것이다. 자금력과 기술력도 갖추지 못한 채

두 번씩이나 무모하게 벤처기업을 설립하여 운영하다가 망가졌던 나의 과거도 결국은 나 자신의 능력을 무시한 결과였던 것이었다. 그 후에도 조그마한 실패는 몇 번 있었지만 그래도 지금까지 살아남은 것은 실패했다고 판단하는 순간에 머뭇거리지 않고 과감하게 손을 떼어 구렁텅이 속으로 빠져들지는 않았기 때문이리라. 이제는 누가 주변에서 그림 같은 제안을 하더라도 내 생각에 아니다 싶으면 잠깐 고민하다가 정중하게 거절할 줄 아는 자세를 견지하며 살아간다.

국제 골프 대회에서의 4라운드는 72홀에 해당되는 대장정의 게임 과정이다. 어찌 보면 인간이 72세까지 살아가는 모습과 같게 느껴질 수 있다. 첫 라운드 18홀은 인간이 태어나서부터 18세까지 고등학교까지의 졸업과정이고, 두 번째 라운드 19홀부터 36홀까지는 독립된 큰 학생으로 입문하는 대학 생활, 군복무, 사회입문, 중간관리자까지의 과정이다. 세 번째 라운드 54홀까지는 그동안의 경험을 성숙하게 만들어 실천하는 과정이요, 마지막 라운드 55홀부터 72홀까지는 여태까지 걸어온 길을 잘 마무리하면서 멋진 우승, 아름다운 노후를 즐기는 기간이라고 생각할 수 있다. 그런데 이 모든 과정을 "와이어-투-와이어" 형태로 게임을 운영하고 삶을 영위한다는 것은 정말 대단한 사건이다. 여기에 그치지 않고 최경주 선수가 이번 소니오픈 우승상금의 3분의 1이 넘는 거금 3억 원을 경기도 이천 냉동창고 화재사고 유가족들에게 기부하기로 했다는 소식은 이 사회에 존재하는 엉터리 부자들에게 사회적 지위에 걸맞은 균형 잡힌 삶이 무엇인지를 가르쳐 주는 교훈이라고 생각된다.

최경주 선수는 얼마나 행복한 사람인가. 너무나도 부럽기만 하다. 행복은 누가 가져다 주는 것이 아니라 자기 자신이 만들어 가는 것이라고 생각하는 평소의 나의 지론과 일치하기 때문이다. "와이어 투 와이어" 인생살이의 기본 정신은 행복을 만들어 가는 과정의 연속이다. 누구나 평범한 삶 속에서도 이를 실천할 수 있다고 굳게 믿으며 열심히 살아가는 것이다. 최경주와 같은 세계적 스타골퍼는 골프를 직업으로 하면서 행복을 즐기지만 나 같은 사람은 최경주의 활동을 보면서 골프를 즐기며 인생을 맛있게 살아가면 되는 것이다.

욕심

음식에 욕심을 부리면 비만이 되고 욕심을 버리면 건강 체질이 된다. 어떤 사람은 돈이 많아 음식을 과다 섭취해서 질병이 생기지만 어떤 부류는 돈이 없어 음식을 못 먹어 기아에 허덕인다. 돈 많은 사람이 욕심을 버리고 나머지 음식을 없는 계층에 보내면 본인도 좋고 혜택을 받는 사람도 모두가 좋아진다. 욕심이 많아 돈을 벌 줄만 아는 사람은 쓰지도 못하고 남기고 간다. 내가 먹고 싶은 양의 70%만 먹고 나머지 30%는 다른 사람을 위해 기부한다고 생각해 보자. 우선 나는 건강을 효율적으로 지킬 수 있어 좋고 남을 위해 쓰는 돈은 행복을 느낄 수 있어 좋다.

기업에서 매출이 신장되어 이익이 증가되면 70%는 주주배당 및 기업에 내부 유보시키고 30%는 근로자를 위해 배분한다면 그 회사는 어떤 기업체보다도 주인정신을 갖고 발전을 위해 정진하게 될 것이다. 그러나 대부분의 현실은 어떠한가. 혼자만 배가 터지게 먹으려 하고 어려운 이웃을 생각하기보다는 내 자식만 챙긴다. 남이야 굶어죽든 말든 내가 알 일 아니며 나보다 못한 사람에게 오히려 과시하는 행동을 하고 싶어 한다. 중소기업을 하면서 돈을 벌어도 우선 나부터 챙기고 내 가족이 만족하는 데 집중한다. 같이 고생해서 오늘이 있기까지 회사를 발전시킨 근로자들은 뒷전이다. 세상에는 비밀이 없다. 단지 모른 척할 뿐이다. 자기 자신은 남에게 꽤나 베풀며 산다고 자위하지만 옆에서 보는 사람들은 진실을 알고 있다. 다만 표현을 안 할 뿐이다.

소위 부자라는 사람들의 일상생활을 유심히 살펴 보면 얼마나 짜고 인정이 없는지 곧 알 수 있게 되고 "저 사람, 부자 맞아?" 하는 질문이 저절로 생기게 된다. 돈은 여유가 있지만 그에 비례한 마음의 여유 즉, 베풀고 한턱내고 이웃과 더불어 기분 좋게 살아가는 방법을 생각하지 않는다. 왜냐하면 내가 이 돈을 어떻게 해서 번 돈인데 당신들을 위해 쓰겠는가 하는 생각으로 꽉 차 있다. 욕심의 끝은 어디인가?

웃음에 대한 감사한 마음

몇 년 전 정초에 내가 아는 사람들에게 "많이 웃자"라고 문자메시지를 보낸 적이 있다. 옛날 같으면 크리스마스카드나 연하장으로 덕담을 건넸으나 요즘시대는 컴퓨터 또는 핸드폰을 이용하는 문화가 지배적이다. 옛날처럼 정성은 없지만 그래도 연락 안 하는 사람보다는 낫겠다 싶어 문자를 보냈더니 모두들 기분 좋아 했었던 기억이 아직도 내 머릿속에 남아있다.

아침에 일어나서 화장실에 가면 면도하기 전에 내 얼굴을 살펴보며 빙그레 웃는 습관이 있다. 그러면서 오늘은 좋은 일이 뭐가 있더라 하고 생각해 본다. 그야말로 웃음으로 하루를 시작하는 것이다. 인생에 있어서 행복이란 자기가 해석하기 나름이다. 똑같은 상황을 가지고도 어떤 사람은 부정적으로 받아들이지만 다른 사람은 긍정적으로 받아들일 수 있다. 나는 몇 년 전부터 생긴 아침에 웃음 습관으로 인하여 사고방식도 긍정적으로 바꾸었다. 그야말로 50년 이상 살고 나서 터득한 철학이다. 그래서 웃음에 대해서 늘 감사한 마음을 갖고 산다. 누구를 만나도 많이 웃고 웃음거리를 많이 만들고 웃을 수 있는 만남을 많이 가지려고 한다.

어느 신문을 보니 사람이 한바탕 크게 웃으면 231개의 근육이 움직인단다. 그리고 5분 동안 에어로빅체조를 한 것과 같은 에너지가 소모된다고 한다. 그러니 웃기만 하면 건강을 버는 것이다. 그리고 웃음을 머금고 사는 사람한테는 주변 사람들이 많이 꼬인다. 그렇게 되면 내가 속하고 있지 않은 다른 부분도 얻을 수 있는 기회가 많아지는 것이다. 이런 선순환을 통해서 나는 다시 재미있는 얘기와 웃음을 만들며 노력하게 된다. 나를 만난 사람들이 나를 만나는 것이 반갑도록 많이 웃으면 근육운동도 되고 혈압도 떨어지고 면역력도 높이며 스트레스도 감소시킬 수 있게 되고 몸과 마음이 편안해진다. 또한 웃음은 자신감을 키워주며 기분을 좋게 하는 보약이다.

또 한 가지 내가 가진 버릇은 가급적 악수를 많이 하려고 한다는 것이다. 특히 노래방에서 2차를 할 때에는 내가 한 곡만 부르고 나면 같이 있는 사람들에게 자진해서 악수를 청한다. 그러면 축제 분위기를 느낄 수 있어 모든 사람들이 더 재미있어 한다. 늘 웃는 사람은 인상도 좋아진다. 반대로 웃음이 없는 사람은 어두운 인상을 풍긴다. 누구나 인상이 좋은 사람과 자주 만나고 싶어 하고 비즈니스도 하려고 할 것이다. 또한 웃는 사람은 정말 건강해 보인다. 실제로 웃음은 정신적으로나 신체적으로나 사람을 건강하게 만든다.

서양에서는 병원에서도 환자를 대상으로 웃음치료기법을 사용한다고 들었다. 상대방을 즐겁게 하는 방법 중에 유머와 함께하는 웃음이야말로 최고의 기술이다. 남을 웃긴다는 것은 자기 자신도 즐거운 마음이라야 가능한 것이다. 웃음을 잃어버린 사람이나 웃음이 없는 사회는 병든 세상이다. 옛말에 웃는 얼굴에는 침을 뱉지 못한다고 하지 않았던가. 서로 간에 갈등의 국면에서도 한 쪽이 웃어버리면 싸움이 성립되지 못한다.

젊은 시절 자존심 때문에 많이 했던 부부싸움도 요즘에는 한 쪽에서 불만을 터뜨리며 시비를 걸어오더라도 내가 씩 웃어버림으로써 더 이상 화를 내지 못하게 하는 것이다. 이럴 때의 웃음전략은 상대방이 기분 나쁠 거라는 것을 내가 능동적으로 수용하면서 화살을 비켜나가는 슬기로운 방법이 되는 것이다. 인상을 쓰며 신경질적으로 공격하는 친구에게도 내가 웃어버리면 맥이 빠져 얼마 안 가서 스스로 화를 풀게 된다는 것이다.

A4용지에 세로로 “많이 웃자!”라고 써서 사무실이나 집이나 상담석에 붙여 놓으면 그걸 보는 사람들은 자기도 모르게 대부분 웃음모드로 변환될 것이다. 이 방법은 직접 웃음을 보여주

지 않더라도 그 환경을 만들어 보는 사람들에게 웃는 마음을 갖도록 하는 최면술에 해당된다. 물론 순수한 내 아이디어지만 반드시 효과가 있을 거라고 믿는다. 웃음은 긍정을 만들어내며 부정적인 생각을 버릴 수 있게 한다. 미스코리아 출신의 웃지 않는 사람보다 통통한 얼굴에 웃음이 늘 같이하는 사람이 더 인기가 있고 진정한 미인이다. 즉 아름다운 사람이다. 웃음은 못생긴 사람도 이쁘게 보이게 하며 외로워 보이지 않게 한다. 이러한 중요한 자산을 사람들은 현금이 아니라고 생각해서 써먹을 줄 모르는 것이다. 비타민이나 보약을 먹는 것보다 웃음은 더 값진 효력이 있는 것이다.

이제부터라도 어느 모임이 있을 때 "많이 웃자"라는 글을 준비해서 붙여보자. 그리하면 종전보다 더 화기애애한 분위기가 될 것이고 참석률도 높아질 것이다. 어쩌면 돈을 버는 것보다 웃음을 버는 사람이 진짜 행복한 인생일 것이다. 내가 웃음에 대해서 체득한 것 자체가 행복의 시작이었다.

이발사 아저씨(Ⅰ)

일요일 아침 이발을 하러 두 달에 세 번쯤 방문하는 단골집으로 갔다. 그곳에는 육십이 넘은 이발사와 육십이 조금 안 되어 보이는 마나님이 근무하는 사업장이다. 아저씨는 숫돌에 면도날을 갈고 있었다. 어제도 갔었지만 토요일이라 그런지 손님이 많아 내일 오라는 아저씨의 협조요청에 "네" 하고 그냥 돌아왔었다.

오늘 마나님이 다른 이발 손님과 대화 나누는 것을 들어 보니 어제는 오후 여섯 시에야 점심을 할 수 있었단다. 그도 그럴 것이 손님이 셋만 모이면 이발사 아저씨는 가위속도를 더 내려 하지만 연세가 있어 자기 마음대로 안 되는 모양이다. 이발사 아저씨는 반복되는 가위질 때문에 오른팔과 손가락이 피로에 누적되어 있는 것이다. 마나님은 면도와 머리 감는 걸 맡고 있지만 아저씨처럼 가위질을 쉬지 않고 계속 반복하지는 않아서 그렇게까지 바쁘지는 않은 것으로 보인다.

어제 나를 그냥 돌려보낸 것이 미안했는지 오늘따라 머리를 감고 말린 다음에 한참동안이나 다듬 가위질을 해주셨다. 이발이 다 끝나고 티셔츠와 봄잠바를 입으면서 나는 아저씨에게 "왜 머리가 이렇게 흐늘흐늘해져요?" 하고 물으니 "머리카락만 가늘어진 게 아니라 윗머리 부분도 많이 빠져서 두 번 올 때 한 번만 윗머리를 치고 있어요"라고 대답하신다.

노련한 아저씨가 내 머리의 특성을 잘 파악하고 그동안 말없이 관리해 주신 것이다. 고마웠다. 이발비를 건네며 "고맙습니다" 하고 인사를 나눈 후 차를 세워놓은 곳으로 가다 보니 자목련과 벚꽃이 아름다움을 서로 뽐내고 있었다.

나는 속으로 오른쪽 무릎 뒤 근육이 당겨서 일요일인 오늘은 마누라와 같이하는 등산도 못했는데 이젠 머리카락까지 퇴화하고 있으니 사방 군데 어디 한곳 제대로 성한 곳이 없겠구나 하는 생각이 들었다.

과천종합청사 앞 운동장에서는 젊은이들이 축구시합을 하고 있었다. 나 같은 중고차에게 보란 듯이 그야말로 젊음을 만끽하면서 말이다. 건강을 관리한다고 하는데도 마음과 신체를 관리해 오지 않았더라면 이미 전에 큰 탈이 났을 거라는 생각이 스치고 지나간다. 늦었다고 생각될 때 시작해도 늦은 게 아니라는 많은 사람들의 생각과 같이 나는 4년 전부터 몸과 마음을 처음으로 신경 쓰게 되면서부터 지금까지 습관화시키려고 노력해 오고 있다.

지난 목요일 밤에 사당역 부근에서 모였던 친구가 집사람과 같이 저녁식사 후 헬스클럽에 가서 소화 다 시키고 왔다는 말을 듣고 "너, 진짜 잘한다"라고 격려해 주었다. 사실 건강은 두 번째일 수 없는 중요한 것이지만 바쁘다는 생각 때문에, 아니 쉬고 싶다는 생각 때문에 뒤로 미루는 것이 대다수 사람의 현실이다. 마음가짐도 마찬가지다. 작년에 어느 강사한테 배운 "인간의 고민 중에 96%는 지나고 나면 다 쓸데없는 걱정이었다"라는 대목도 요즘 나 자신은 물론 주변 사람들에게도 강조하는 덕목이 되었다. 사람이 마음먹기에 따라 걱정거리일 수도 있고 별거 아닌 것일 수도 있다. 낙천적 성격의 소유자들은 정말 이런 사고방식으로 살아왔기에 마치 고민이 없는 것처럼 비춰진다. 이젠 마음관리가 더 중요한 나이가 되었는지도 모른다.

육순이 넘은 이발사 아저씨는 어제의 피로도 잊고 오늘도 반가운 눈으로 손님을 맞는다. 마음과 몸 관리에 남달리 성공하신 분 같다. 아직까지 이발소 문을 닫은 기억도 없지만 고민스러워하는 표정도 본 적이 없기에 더욱 그런 생각이 든다.

이발사 아저씨(II)

약 6년 전에 평소 잘 아는 분의 사무실에 갔다가 잠깐 외출중이라고 해서 그 근처에서 시간을 죽이려고 찾았던 이발소 아저씨는 머리를 뒤로 땋아서 검은 고무줄로 묶은 예술가 같은 모습이었다. 그때부터 지금까지 아주 바쁜 일이 없으면 약 3주에 한 번은 들르곤 하지만 그분의 헤어스타일은 그대로 유지되고 있다. 면도사인 부인은 약간 말이 어눌하지만 편안하게 면도를 해주어 큰 불만은 없었다. 남자들에게 이발소라는 곳은 맘에 들면 계속 다니게 되는 속성이 있어 아주 멀리 집이나 사업장을 이사하거나 그 이발소가 문을 닫기 전까지는 자연스럽게 단골이 되기 십상이다.

오늘도 점심식사를 한 후 봄철의 나른함을 해소하기 위해 잠시 눈도 붙일 겸 또 저녁에 모임도 있고, 다음주 월요일에는 사내 대학의 직장인을 대상으로 야간 강의가 예정되어 있어 그 이발소를 찾게 되었는데 TV에서는 이건희 삼성그룹 총수가 모든 경영 일선에서 손을 뗀다는 뉴스가 흘러나왔다. 이발사 아저씨는 60대 중반쯤으로 생각되는데 손님이 묻지 않아도 이 뉴스에 대하여 논평을 늘어놓았다.

그러면서 나에게 "밖에 비가 오느냐?"고 묻길래 "예, 조금씩 내립니다"라고 답을 했더니 "비가 많이 와야 등산길에 먼지가 안 날릴 텐데" 하면서 또 다시 TV화면을 쳐다보며 "아니, 이번 주 일요일까지 비가 3일이나 오네!"라고 말했다.

그래서 내가 등산 자주 가시냐고 물으니 그 아저씨는 매일 아침 산에 오르면서 그 신선한 공기를 마시는 기분에 산다며 돈 들어갈 게 없으면 이발소 다 때려치우고 시골에 내려가 산속에서 좋은 물 좋은 공기만 들이키며 사는 게 소원이라고 했다. 그러면서도 항상 미소를 잃지 않는다.

이발을 하는 중에도 면도사인 부인에게 계속 얘기를 건네는데 그 내용인즉 머리감을 때 손님 옷에 물 튀지 말라고 착용해주는 "앞장"이 오래되었으니 내일 꼭 새로 장만해야 된다는 얘기였다. 아주머니가 아저씨에게 오늘 저녁에는 남부시장에서 갈치와 무를 사가지고 들어가야겠다고 하니, 말하기 좋아하는 아저씨 왈 "갈치는 통통한 놈으로 사야 돼!" 한다. 그랬더니 아주머니 왈 그런 놈은 얼마나 비싼지 아냐고 되묻는다.

아마도 이 부부는 늘 이발소에서 일하면서 계속 이런 저런 사소한 생활 얘기를 하며 오순도순 다정다감하게 살아가는 것 같았다. 그리고 현재의 자기 생활에 아주 평범하게 그럭저럭 만족하면서 말이다.

이발이 끝나고 나오면서 아까 그 아저씨가 건강에 대해서 들려주신 얘기가 내 머릿속에 생생하게 남았다. 자기 친구가 하나 있는데 옛날 시골 동네에서 잘사는 집안에서 태어났기에 공부도 계속할 수 있었고 서울에 그대로 머물러 큰 부동산도 사고 월 임대료도 착착 들어와 무척이나 부자인데 당뇨가 와서 발가락도 자르고 엉덩이도 짓무르고 이제는 눈도 안 보이게 될 지경이란다. 이틀이 멀다 하고 교회 사람들이 찾아와서 위로해 주면 그것이 고마워 봉투를 건네준단다.

그러면서 목 좋은 그 친구의 빌딩에서 세를 얻어 이발소 할 때 세가 너무 비싸 나와 버린 적이 있었는데 친구지간에도 다른 세입자 이목 때문에 자기만 깎아줄 수는 없었을 거라고 친구를 욕하지 않고 호평했다. 돈이 몇 백억 있으면 무슨 소용 있냐며 자기처럼 매일 아침 산에 다니고 하루 종일 서서 일하는 바람에 건강만큼은 챙겼으니 그 친구보다는 자기가 훨씬 행복하다고 강조했다.

아마도 이발 도중에 습관적으로 졸곤 하는 내 모습을 보며 "건강을 잃으면 전부를 다 잃는 거야"라고 조언을 해 준 것 같았다. 3주 후에 가면 이발사와 부인의 연세도 물어보고 자식

농사 얘기도 들어봐야겠다. 그래서 소박하게 살아가고 있는 그네들의 삶에 대하여 좀 더 구체적으로 간접경험을 얻어야겠다. 왜냐하면 10년 후 나와 내 가족의 미래 모습을 한번쯤 그려볼 수 있을 것 같기에 말이다.

오늘 이후 삼성의 이건희 회장은 어떤 삶을 그리며 살아갈까 궁금해진다.

일만 원의 효도

장례식장에서 흔히 하는 얘기가 있다.

"부모님 돌아가신 다음에 엉엉 울면 뭐 하나. 살아생전에 한 번이라도 더 찾아뵙는 게 효도지!"

바쁘다는 핑계로, 거리가 멀다는 이유로 또는 돈이 없어서 부모님을 자주 찾지 못한다는 자식들이 무지 많다. 아마도 부모가 재산이 많아 효도 잘하는 놈에게 상속을 제일 많이 주겠다고 한다면 경쟁적으로 부모님 집을 들락거릴 게다. 그런데 이와는 반대로 자식들에게 물려줄 재산이 없는 부모에게는 꼴도 보이지 않을 것이다. 왜냐하면 기대할 것도 없지만 몸도 피곤하고 돈도 들고 하니까 부모님 댁 찾는 빈도도 점점 줄어들게 뻔하다.

이러한 자식이라도 친정과 시댁 부모님께 각각의 통장으로 일만 원씩 친자식 명의로 월 4만 원을 송금한다면 부모님 입장에서는 통장을 볼 때마다 “나도 자식으로부터 효도 받고 있다”는 기쁨과 반가움을 느낄 수 있을 것이다. 더 좋은 방법은 능력만 있다면 부모가 자식에게 이 방법을 쓸 경우 부모로서 자식들에게 떳떳하고 사랑의 표시도 된다는 게 내 생각이다. 물론 자식들이 독립하면 부모 자식 간에 서로 짐이 되지 않는 것이 제일 좋다고 생각하여 손 안 벌리고 살면서 본인 능력껏 베풀면 최고다. 베푼다는 건 자기의 행복 찾기이기 때문이다. 그러나 일만 원의 효도라도 죽을 때까지 지속되어야 하나의 문화로 정착된다. 이것마저도 까먹고 송금을 거르면 오히려 관심이 부족하다는 표시가 되어 자식 입장에서는 혹시 부모님 건강에 이상이 생긴 것이 아닌가 걱정되고, 부모님 입장에선 우리 자식에게 무슨 힘든 일이라도 생겼나 고민하게 된다.

또 하나의 전제 조건으로는 자동이체로 신청해서 매월 기계적으로 송금해서는 그 의미가 반감되므로 본인이 은행 창구에 직접 가서 보내야 늘 잊지 않고 생각하는 마음을 지닐 수 있다. 이런 정도의 일도 바쁘다고 생각한다면 그 사람은 어떤 일도 할 수 없는 사람일 것이다.

언젠가 친구들과 나눈 얘기가 있다. 소위 글로벌 시대가 되어 자식들이 외국에 거주하다 보면 부모님 돌아가셔도 빈소를 지킬 자식이 없는 경우가 허다할 거라고. 이럴 때는 다다익선이라고 늙으면 자식이 많은 게 좋지만 요즘 젊은 사람들은 경제적인 이유로 애 둘 갖기를 기피하는 추세이므로 그 또한 현실적으로 기대하기가 쉽지 않다. 주변 선배들의 얘기로는 시집 장가 가서도 부모님에게 평생 A/S 해달라는 게 요즘의 자식들 의식이란다. 그러니 내 제안대로 양가 부모님 네 분 모두에게 월 일만 원씩이라도 송금하는 자식은 최소한 낳아주시고 길러주신 어버이를 섬겨야 한다는 일말의 양심이라도 있는 셈이다.

나와 절친한 선배 한분은 결혼을 앞둔 아들과 예비 며느리에게 십일조 개념을 고취시켰다고 한다. 즉, 자기네 수입의 10분의 1을 부모님께 헌납하라는 뜻이다. 이렇게 순응하는 자식들만 있다면 노후생활은 크게 걱정하지 않아도 되겠다는 생각이 든다. 그러나 현실적으로 가장 현명한 방법은 부모인 나 자신이 오랫동안 사회생활 하면서 소득을 유지해야 정신적 신체적으로 건강하게 살아갈 수 있으며 이래야 자식들로부터도 효도를 받게 되어 있다. 여기에다 우리 자식들의 월 일만 원의 효도가 더해지면 금상첨화가 될 것이다.

일십백천만

누구에게도, 무엇에도 방해받지 않는 휴식의 자유는 있다. 핑계 없는 무덤 없다고 하지만 그저 바쁘다는 핑계로, 돈이 없어서, 사회적 분위기 때문에 등등 선뜻 행동으로 나서지 못할 뿐이다. 그래서 대부분의 사람들은 사회 은퇴 후에나 휴식거리를 찾으려고 고민하게 된다. 휴식은 내가 살아왔던 과거를 돌이켜보고 앞으로 어떻게 사는 게 진정으로 값지고 멋진가를 설계하는 중요한 기회이다. 그러나 사람들은 피동적으로만 떠밀려 휴식을 갖게 된다. 능동적이고 자발적인 휴식을 실행하는 사람들은 항상 계획성 있게 준비한다. 모두가 현실에 빠져 헤어나지 못할 때 그들은 미래를 예측하고 아름다운 삶을 준비하는 것이다.

세상에 미리 준비하는 자를 따를 자는 없다고 했다. 때가 돼서 휴식을 찾는 게 아니라 미리미리 준비해서 휴식을 맞이하는 진취적 의식과 행동이 더 생산성이 높고 기쁨은 두 배가 된다. 누군가와 약속을 할 때도 당일보다 한참 전에 미리 시간을 정해 놓으면 기다리는 기간만큼 행복은 증가된다. 휴식에도 역발상이 필요하다. 경기가 좋은 시절에는 누구나 휴가를 떠나고자 생각하지만 그만큼 여행경비가 더 든다. 하지만 불경기 때에는 여행사도 그저 운영비만 확보하는 차원에서 반값 여행상품도 출시된다. 이때를 노리면 같은 돈으로 두 번의 여행을 즐길 수 있는 것이다. 모두가 여행을 떠나려 할 때는 잠시 보류하고 형편상 못 갈 때에 경제적인 여행을 선택한다면 모든 게 대우도 잘 받고 경비도 저렴하며 떠밀려 다니는 여행에서 벗어나 차분하고 여유 있는 추억을 만들 수 있다는 얘기다.

지금부터라도 1년, 2년, 3년 또는 5년 계획을 잡아 같이 떠나고 싶은 사람들과 멤버를 구성해서 사전에 휴식 계획을 잡아보자. 사회 은퇴 후에 전원생활을 하고 싶다면 사회생활을 하면서 미리미리 한 단계씩 준비해야 차질이 없다. 한꺼번에 닥쳐서 하려면 현실은 나를 포기하게 만든다. 평소에 꾸준한 관심을 갖고 위치와 규모를 먼저 정하여 계획에 알맞은 부지를 느긋하게 저울질하며 골라서 구입하면 일 단계 준비는 끝!

그 다음에는 꿈에 그리던 집을 지을 돈을 마련하기 위해 몇 년간 어떻게 준비할 것인가에 대해 계획을 수립해서 실천으로 옮기면 된다. 그리고 막상 은퇴 시점이 다가오면 내 · 외부설계와 디자인을 놓고 행복한 고민을 오랫동안 즐기면 금상첨화가 된다.

그 다음 단계로는 집을 지으면서 "이 전원주택을 짓고 나면 어떻게 멋지게 지낼까?"에 대해 매일매일 상상의 나래를 펴며 행복을 그려보는 것이다. 이번 주말에는 딸 녀석이 가족과 함께 토요일 저녁 먹기 전에 1박 2일로 올 것이고, 다음 주에는 아들 녀석이 며느리와 같이 고구마 심으러 온다. 셋째 주 수요일에는 "처음처럼" 등산모임 멤버들이 삼겹살 가든파티를 즐기러 올 것이고, 다음 주에는 바둑모임에서 1박 2일로 리그전을 벌이려고 온다고 했고, 또 며칠 후에는 골프모임 회원들이, 3일 지나면 50년지기 친구들이 막걸리 먹으러, 금요일 오후에는 사이클 동아리 사람들이, 그 중간에는 그동안 격조했던 형제들을 하룻밤 초청하고, 여름휴가 때는 선후배 모임에서 떼거리로 야영을 하겠다고 올 것이다. 이렇듯 상상의 스케줄을 만들며 또 한번의 행복한 순간들을 그려보는 것이다.

그리고 보고 싶은 곳이 있으면 그간 못 가본 남쪽나라의 섬에 일정계획도 없이 마누라와 둘이서 자동차에 먹을거리, 입을거리를 싣고 자유인이 되어 출발!

꿈은 반드시 이루어진다고 했다. 이만큼 꿈을 설계했으면 저만큼은 현실로 나타날 것이라고 믿으면 그만이다. 그저 "돈! 돈!" 하며 돈의 노예가 되어 제한받으며 살 필요는 없다. 없으면 없는 대로, 있으면 있는 대로, 그저 남과 비교하려고 하지 말고 내 멋대로 내 처지대로 항상 움직이며 살면 그게 행복의 지름길이다.

은퇴 후 소득은 없으니 그에 걸맞은 노후 생활을 운영하는 방법은 간단하다. "찾아오는 놈이 수익자 부담원칙에 따라 지 먹을 거 다 챙겨 가지고 오라지!" 평소에 채소는 앞뜰에서 직접 경작해서 조달하고 밥은 주로 채식으로 웰빙하며 간식은 내가 직접 농사지은 고구마, 감자, 단호박으로 꾸리고, 학교생활은 지방자치단체에서 운영하는 무료교육 프로그램을 골라서 젊어서 못해 본 여러 가지 부문에 도전하면 되고, 외식은 결혼식이나 장례식 때 빠지지 말고 인사드리며 거기에서 맛 좀 보고, 생각이 떠오르면 글 좀 쓰고, 영화구경은 도시에 사는 자식들 집에 아주 가끔씩 갔다가 귀가하기 전에 한두 편 보고, 교통비는 65세 이상 경로우대 제도를 활용해서 가급적 무임승차하면서 도심 대중들의 사는 모습도 구경하고, 연료는 매일 산에 오를 때 지천으로 깔려 있는 잡목 부스러기를 배낭에 넣어 가져와서 가마솥에 불을 지펴 물도 데우고 목욕도 하고 계란도 삶고 김치전도 부치면 된다.

혹시라도 몸이 아프면 보건소를 찾아가고, 저녁엔 일찍 잠자리에 들고 아침엔 일찍 기상해서 하루에 1번 이상 좋은 일 또는 재미나는 일을 하면서, 10번 이상 웃고, 100자 이상 쓰고,

1,000자 이상 읽고, 10,000보 이상 걷자는 하루의 목표를 의무적이 아니라 습관처럼 실천하면서 살면 된다.

세상사는 거 미리 걱정하고 부정적으로 생각할 필요는 없다. 자유인으로서 자유롭게 소중한 시간이라는 자원을 효율적으로 경영하면 그 자체가 최고의 행복한 삶의 모습이다. 누구 보라고 사는 게 아니고 내가 편하고 즐겁게 살면 되는 것 아닌가!

우리는 본의 아니게 남들의 입과 눈을 의식하면서 진짜 나는 상실한 채로 남 위주로 살고 있지는 않은가….

장모님

지방에 살고 계시는 우리 장모님은 수도권에 흩어져 사는 딸들을 보러 가끔 올라오신다. 집사람한테 들은 얘기로는 평생을 아침 일찍부터 저녁 늦게까지 잠깐도 쉬지 않고 늘 바지런하게 움직이셨단다. 그래서 그런지 군살 하나도 없이 허리도 꼿꼿한 상태로 아주 건강하게 보인다.

두보가 말했던 인생 칠십 고래희를 뛰어넘어 팔십이 넘으셨건만 일상적인 거동에는 전혀 애로가 없으나 연세가 연세인지라 무릎이 아파서 병원을 찾으니 의사 왈 "무릎이 닳아서 그러니까 그냥 지금 상태로 아껴 쓰세요"라고 처방을 받았단다.

일요일 아침 집사람이 딸아이와 함께 장모님 뵈러 처형 댁에 가자고 해서 우리 셋은 차를 타고 처형이 살고 있는 아파트로 찾아갔다. 벨을 몇 번씩 눌러도 안에서는 인기척이 없어 문을 주먹으로 두드리니 사람 소리가 들렸다. 집사람이 "엄마! 나야.

문 좀 열어봐"라고 크게 소릴 질렀더니 장모님께서 문을 열어 주시려고 애를 썼으나 계속 허탕만 치게 되었다. 집사람은 문 하나를 사이에 두고 "밑에 것 돌려봐! 눌러봐!" 등 여러 가지로 주문을 했으나 쉽지가 않았다. 나는 그 순간 문이 열릴 거라고는 기대하지 않고 빨리 밖에 나간 처형이 돌아오기만 기다리고 있었는데 어느 순간 철컥 하며 문이 열렸다.

집사람은 "엄마! 왜 이렇게 문을 많이 잠갔어?" 하며 안도의 한숨을 내쉬었다. 장모님은 문을 다 열기도 전에 내 얼굴을 보시더니 그냥 안방으로 들어가 버리셨다. 사위가 올 줄은 몰랐는데 갑자기 나타났으니 시골 노인 입장에서는 난처하셨던 모양이다. 잠시 후에 안방에서 몸빼 같은 바지를 입고 나오셨다. 사위에 대한 예의를 갖추려고 그러신 것이다.

나는 첫 인사로 "건강해 보이시네요. 왜 자주 안 오셨어요?" 하고 물으니 "늘 사위 보기 미안해서 그렇지!" 하시며 얼버무린다. 그러면서 장모님은 얼른 우리 딸에게 "이게 누구여?" 하신다. 집사람이 "엄마는 내 딸도 몰라보우!" 하면서 우리 딸 이름을 대니 그제야 "아니, 이렇게 얼굴도 모르게 컸어!" 하시면서 길거리에서 보면 못 알아보겠다고 하신다.

"이서방도 흰머리가 이렇게 많아졌네…."

"아니에요, 아주 건강하게 젊게 살고 있어요!"

나는 장모님 마음을 편하게 해드리려고 위로용 발언으로 답했다. 사실 나는 일부러라도 우리 식구 셋이 같이 와서 평온하고 건재한 모습을 장모님 면전에서 보여드리려고 했던 것이다.

"어디 편찮으신 데는 없으세요? 아주 건강해 보이시네요. 장모님, 이젠 남의 눈치 보지 말고 딸네들 집에도 자주 오시고 하고 싶은 일 다 하시면서 사셔야 정신적으로나 신체적으로 건강하십니다."

그러면서 20여 년 전에 두 달 사이로 모두 가신 우리 어머님 아버님을 생각하며 "어머님, 그냥 가만히 쉬세요!" 하는 자식이 가장 불효한 거라며 "어머님, 장 좀 봐 주세요!" 또는 "어머님, 상추 잘 커요?" 하며 평소에 하시던 일을 계속 할 수 있도록 배려하는 자식이 진짜 효자라는 말씀을 전했다.

이러는 사이에 처형들이 방앗간에 다녀왔다며 들어섰다. 나는 집사람이 추천한 족발 두 봉지를 가리키며 "장모님, 이거 여기서 제일 맛있는 겁니다. 많이 드세요!" 하며 바로 위 처형에게는 "이건 민수랑 지수 먹으라고 갖다 주세요"라고 했다.

그 사이 처형댁은 부엌에서 뭘 준비하느라고 법석이길래 "저, 방금 점심 잔뜩 먹고 와서 아무것도 못 먹습니다. 준비하지 마세요!" 하며 극구 사양한 후 장모님이 편하게 쉬시려면 내가 빨리 자리를 뜨는 게 최고라는 생각에 "자, 저는 모임이 있어 나가봐야 되니 재미있게 계시다가 가세요!" 하며 서둘러 문을 열고 나왔다.

나도 딸을 키우지만 어쩐지 엄마들은 아빠보다는 훨씬 더 딸과 친하고 편한 느낌을 받는다. 사위는 백년손님이라는 말이 내 머리를 스쳐갔다. 나도 가까운 장래에 사위나 며느리를 볼 텐데 그때가 되면 내가 어떻게 처신을 해야 그네들과 친자식처럼 편안하게 지낼 수 있을까 생각해 본다. 그러면서도 집사람에게 늘 강조한다.

"장모님 잘 모셔! 돌아가신 다음에는 그나마 효도할래야 효도할 기회조차 없어지니까!"

집사람도 이런 나의 배려에 편안하고 고맙게 느끼는 눈치다. 나의 가족이 편안한 게 결국은 내가 편해진다는 사실을 언제부터인가 알게 되었기 때문이리라.

장수의 비결

금요일 저녁 7시에 이틀이 지나면 일본으로 일하러 갈 후배와 만나기로 약속이 되어 있어 집에서 나와 지하철역으로 내려갔다. 전철이 방금 출발했기 때문에 약간의 여유가 있어 벽에 붙은 짧은 글을 읽게 되었다. 그 내용인즉 미국에서 7,000명의 장수 노인을 대상으로 그 비결을 조사해 보니 의외의 결과가 나왔다는 것이다. 여러 가지 장수 비결 중 공통점은 친구가 많은 사람이 장수했다는 것이다.

나는 이 글을 통해서 그동안 내가 생각해 왔던 "사회생활과 노후관리의 관계에 있어 사람을 많이 알고 지낸다는 것이 중요하다"는 지론과 일맥상통하는 데가 있다는 사실을 깨닫게 되었다. 학교를 같이 다녔던 동창생뿐만 아니라 군대 동기, 직장 동료, 동아리 모임의 멤버, 사회생활을 하면서 알게 된 지인들, 사업을 통해서 친분을 쌓은 거래처 사람들, 심지어는 각계각층의 선배와 후배, 그리고 가족과 친지까지도 넓은 의미로써 인생의 친구라고 생각한다. 고로 내가 만날 수 있는 모든 사람이 늙어 갈수록 더 많이 필요하게 된다. 그래서 한 번 인연을 맺은 사람은 소중한 자산이기 때문에 잃어버리지 말고 지속적으로 관계를 유지하려는 부단한 노력이 뒤따라야 한다.

이러한 노력의 결과는 사회에서 은퇴한 후에도 같이 놀아주고 옛 추억을 기리며 깔깔대고 담소를 나눌 수 있으며, 걱정거리가 생겨도 마음 터놓고 고민을 같이할 수 있고 가까운 산에도 같이 다니고 바둑도 두고 텃밭도 같이 일구고 막걸리가 생각날 때 형편이 나은 사람이 한잔 사면 되고 강원도 깊은 계곡 시냇물에 발을 담그러 동행할 수 있게 된다.

다 늙기 전에 여러 분야의 좋은 사람을 많이 사귀어 놓아야 노후에도 바쁘게, 재미있게, 외롭지 않게, 보람되게, 멋있게, 자신 있게, 아름답게 늙어갈 수 있다. 젊어서 시간이 아까워, 돈이 아까워, 피곤해서, 자존심 때문에, 상대방과 신분 격차가 심해서 등등의 사유로 사람 만나는 걸 기피하는 사회생활을 하다 보면 늙어서 돈이 있어도, 시간이 많아도, 여행을 같이 가고 싶어도, 본의 아니게 동참해 줄 친구가 없어 행동반경이 좁아지고 거의 매일 혼자서 하늘만 쳐다보며 잠들게 된다.

커피 한잔도 상대가 있어야 맛이 나고 점심도 여러 사람이 어우러져 먹어야 맛있다. 제아무리 비싸고 좋은 술이라도 무슨 맛으로 혼자 먹겠는가. 그래서 어울려 줄 사람이 많아야 장수한다는 사실을 인정할 수밖에 없다는 결론에 도달했다. 사람 인(人) 자가 두 획인 이유는 혼자서가 아니라 사람은 늘 "함께" 하라는 의미이다.

조마조마

2008 베이징 올림픽 경기를 보면서 수영, 레슬링, 배드민턴, 역도, 탁구, 하키 그리고 유도경기까지 순간 순간을 한시도 긴장을 놓을 수가 없다. 10년 전 벤처사업을 할 때도 기술의 특성을 확보할 때까지 확신을 갖지 못하고 늘 불안했던 경험이 있다. 아이들 대입 수능고사와 본고사를 치를 때도 성적통지표 수령할 때까지 그리고 최종합격을 확인할 때까지 매일매일 조마조마한 심정으로 보냈던 기억이 남아있어 요즘도 주변에서 고3 수험생이 있는 집에 대해서는 수험생은 물론 부모님 마음까지 헤아릴 수 있다.

세상에 한 번에 쉽게 되는 일은 흔치도 않지만 매사가 한 번에 쉽게 된다면 인생을 사는 묘미도 못 느낄 것이다. 나뿐만 아니라 많은 사람들이 앞으로 닥쳐올 일에 대해 불안해하거나 초조한 느낌을 갖고 살아가고 있을 것이다. 그래서 천성적으로 느긋한 사람을 볼 때마다 “저 사람은 스트레스 안 받고 살아서 좋겠다”고 부러움을 느낀다. 조마조마한 사람은 약속시간이 조금만 늦어질 것 같아도 가슴이 쿵덕쿵덕 뛰기 때문에 출발을 서두르는 습성이 있다. 그래서 나 같은 경우에는 약속시간을 어기는 사람과는 어떠한 사업제휴도 고려하지 않는다. 또한 그런 사람들을 이기주의자라고 평가해 버린다. 상대방을 기다리게 만드는 행동은 자기 시간은 소중하고 남의 시간은 아무렇지 않게 생각하는 아주 배타적인 태도이다.

예나 지금이나 술 먹고 늦게 출근하는 사람은 같이 회식할 자격이 없다고 생각하고 있는 것도 그 사람의 성실성 브랜드를 의심하기 때문이다. 아마도 대부분의 사람들이 평생을 조마조마한 모습으로 살아가고 있는지도 모른다.

가족 중에 한 사람이 큰 수술을 받았을 때 별 탈 없이 잘 끝나야 되는데 하며 수술실 밖에서 몇 시간씩 안절부절 못하며 기다렸던 마음, 딸이나 며느리가 첫 애를 낳을 때 분만실 밖에서 초조하게 기다리는 가족들의 모습, 정기 승진 하루 전에 삼십 분이 멀다하고 아침부터 인사명령 결과를 조금이라도 먼저 알고 싶어 이곳저곳에 전화를 걸어서 동정을 파악하며 안달이 났던 모습, 신규 분양하는 아파트에 청약을 해놓고 당첨자 명단을 발표하는 날 이른 새벽부터 조간신문이 배달되었는지 문을 몇 번씩 열어봤던 무주택자 시절의 기억, 지방에 출장가려고 고속버스나 열차표를 예매해 놓고 터미널까지 시내버스를 타고 가면서 신호등에 걸릴 때마다 차를 놓칠까 봐 가슴을 졸였던 직장생활 시절의 추억 등등 이 모든 상황을 조마조마한 마음으로 기다렸던 것이다.

매도 맞기 전의 두려움이 더 큰 것은 실제로 맞았을 때 얼마나 아플까 걱정이 앞서기 때문이다. 사실 상황이 종료되어 그 결과를 알게 되면 조마조마했던 마음은 다 사라져 버리고 현실을 직시하게 되는 법인데 인간의 본성 때문에 사전에 여러 가지의 감정이 교차하는 것이다.

학창시절 연애할 때도 맨 처음 여학생을 만나기 직전에 심장이 뛰었을 뿐 몇 번 만나다 보면 그런 감정은 점점 강도를 잃어갔던 추억이 남아있지 않은가. 나이가 들어가면서 그러한 조마조마한 마음도 생동감 넘치게 느끼질 못하며 사는 것 같다. 웬만큼 살아보니 매사에 큰 기대도 걸지 않으며 묵묵하게 그 결과를 기다리는 타성이 몸에 배어서 그런 것 같다.

이젠 젊었을 때처럼 걱정도 미리 하지 않는다. 지나고 보면 다 쓸데없는 염려였기 때문이다. 조마조마한 마음이란 한편으로는 아직 희망과 기대를 갖고 젊게 산다는 증표이며 또 다른 면으로는 어떤 결과를 빨리 알고 싶다는 조바심이기도 하다.

중·고등학교에 다닐 적에 중간고사나 기말고사 또는 모의고사를 본 후 과목별 성적이 나올 때까지 초조하게 기다렸던 마음이나 군에 가서 제대할 날을 손꼽아 기다렸던 심정들이 이제는 딸과 아들이 시집장가 빨리 가서 부모로서의 숙제를 다 하고 싶은 마음이었다. 하지만 아이들이 결혼해서 독립한다는 것은 내가 빨리 늙기를 바라는 마음과 같다는 서글픈 생각에 모든 게 급할 것도 없고 그저 세월의 흐름에 따르는 것이 순리라고 이해하며 살아가게 되었다.

젊은 시절의 그 뜨거웠던 조바심이 나이 들면서 자연스럽게 느긋함으로 바뀌어 감을 알게 되었다. 그래서 세상을 많이 살아 본 사람들이 나이에 걸맞은 행동이 필요하다고 강조하는 모양이다. 나이가 들면 같은 운동을 하더라도 몸을 푸는 데 더 많은 시간을 할애해야 무리가 따르지 않듯이 매사에 여유를 가지고 생각하고 차분하게 처신해야 마음도 편해진다. 그래서 평생을 조마조마하게 살아간다는 것은 삶의 질을 유연하게 유지할 수 없다는 게 나의 결론이다.

졸음

예전에 지하철이나 버스를 타고 가다 보면 나이 드신 분들이 꾸벅꾸벅 고개를 떨구며 조는 모습을 보고는 왜 저럴까 하며 의아해했었다. 그 당시 나도 예비군 훈련 등에 참가해서는 졸곤 했었지만….

그런데 요즘엔 내가 그렇다는 것을 자주 느낀다. 버스나 지하철은 물론이고 승용차를 운전하다가도 졸음이 몰려와 곤혹을 치르기 일쑤이기 때문이다. 게다가 강연이나 어떤 집단 모임에서 청중이 되었을 경우에는 거의 100% 고개를 떨구기도 한다. TV를 보다가 졸기도 한다. 옛날에 나이 드신 분들의 행동을 의아해했던 것이 이젠 내가 직접 경험해 보니 나이에 의한 자연적 생리형태라고 이해가 되는 것이다.

어제 딸아이가 구정휴무를 끝내고 다시 연수원에 들어가기 위해 새벽 5시도 안 되어 일어나서 준비하느라고 지 엄마와 더불어 잠자는 식구들이 깨지 않게 조용한 상태로 바쁘게 행동하는 소리가 내 귀에 들어왔다. 새벽 소변을 참고 참다가 삼사십 분쯤이나 지난 후에 일어나 보니 벌써 밥을 다 먹고 출동태세로 소파에 앉아 TV를 보고 있었다.

양재역으로 6시 30분까지 가야 통근버스를 탈 수 있다고 어젯밤에 얘기를 하고 나서도 밤 12시가 다 되어 잠을 청했을 것이다. 그러니 저녁 6시부터 12시까지 아르바이트를 하고 귀가한 아들 하나 빼놓고는 세 명의 가족이 잠을 설친 것이다.

딸아이의 얘기를 들어본즉 버스 타고 이동하면서 눈을 붙이면 수면부족을 해소할 수 있단다. 나도 그날 밤 늦게 3시간의 강의를 듣게 되었는데 중간에 한두 번 졸리움을 떨쳐버리지 못했다. 졸음이란 반드시 앞선 행동의 불균형을 해소하려고 찾아오는 현상이기에 사실은 몸에서 시키는 대로 잠을 보충하는 게 맞다고 생각된다.

우리들이 살아가면서 다 이런 식으로 그 패턴을 읽을 수 있다. 하지만 그런 예고를 듣지 않고 무리하게 강행하기에 졸음운전으로 대형사고도 난다. 잠시 잘못 생각해서 발목이 진흙탕에 빠졌을 경우 포기하고 나오면 되는데 미련 때문에 욕심을 버리지 못하고 더 늪으로 빠져들어 돌이킬 수 없는 결과를 만드는 것이 아닐까 싶다. 졸음이란 신체적으로 훌륭한 사전예고시스템이다.

어떤 졸음 징후가 올 때는 무시하지 말고 경건하게 받아들이는 자세가 필요한 이유도 여기에 있다고 느껴지는 것은 이제 나도 인생의 철학이 들어서 그런가?

Part 04

행복의 모습은 오직 마음속에 있다

하나아~ 두우울~ 하며 살자

종이컵

아침에 집을 나서 자동차 대로로 나와 1차선에서 유턴을 기다리는데 내 앞에서 신호를 대기하고 있는 택시의 왼쪽 앞바퀴 옆에 종이컵 하나가 떨어져 있는 것이 내 눈에 들어왔다. 서울에서 과천 쪽으로 오는 반대편 승용차들이 지나가면서 이 종이컵은 가을철 코스모스처럼 한들한들 좌우로 리듬을 타며 조금씩 움직였다. 그러나 얼마 안 가서 대형 버스가 빠른 속도로 질주하자 내 앞에 있던 택시 밑으로 떠밀려 들어가 버렸다.

당초부터 이 자리에 있어서는 안 될 물건이 누군가의 무질서한 행동으로 여기에 놓였을 것이고 버스라는 태풍을 만나 휘청거리게 되었으며 머지않아서 또 다른 차량에 짓밟혀서 원래의 형체를 알아볼 수 없게 납작해질 것이 뻔했다. 이렇게 변해버린 이 종이컵은 청소부 아저씨에게 수거되어 쓰레기 소각장에서 한 줌의 연기가 되어 하늘나라로 날아갈 것이다. 기구한 운명인지 특별한 삶인지는 모르겠지만 이 종이컵은 이렇게 자기의 생을 마칠 것이다. 일반적인 종이컵 같으면 이런 시련의 과정을 밟지 않고 잘 살다가 또는 그저 남들과 같이 평범하게 살다가 조용하게 갈 운명인데 남보다 팔자가 세서 이렇게 된 것이라는 생각이 든다.

나도 오십 년 넘게 살아오면서 여러 가지 형태로 바뀌어 가는 모습을 나 자신은 물론 내 주변에서 수없이 많이 봐 왔다. 사실 운명이란 자기의 의지와 처해진 환경에 따라 변해가는 생물체 같은 것이다. 똑같은 종이로 시작해서 어떤 놈은 복사용지로, 또 다른 놈은 신문지로, 그리고 화장지로, 아까 그 놈처럼 종이컵으로 각자의 인생을 시작한다. 같은 휴지라도 어떤 놈은 고급 티슈로 변해서 유명한 레스토랑의 식탁 위에 올라가고 어떤 놈은 값싸고 누런 색깔의 휴지가 되어 화장실로 보내진다. 같은 종이컵이라도 어떤 놈은 깨끗한 사무실의 물 컵으로 쓰이고 어떤 놈은 커피 자판기 속에 들어가 삼백 원짜리 커피의 일회용 용기가 되며, 또 다른 놈은 캠핑 가서 야영객들이 라면을 먹을 때 밥그릇을 대신하기도 한다. 환경에 따라 운명이 달라진다.

그러나 이들 모두의 공통점은 다 살고 나면(쓰이고 나면) 쓰레기 소각장으로 가서 결국은 연기가 되어 하늘나라로 가게 되어 있다. 사람도 마찬가지로 장관을 하던 놈이나 건설현장의 일용직을 하던 놈이나 하얀 와이셔츠에 넥타이 매고 평생을 샐러리맨으로 살던 놈이나 직장생활이 지겨워 옷 벗고 나와 돈 좀 벌어 실컷 써보고 죽겠다고 사업하던 놈이나 끝에 가면 처음에 엄마 뱃속에서 태어날 때처럼 누구도 예외 없이 똑같이 하늘나라로 간다.

그러나 처음과 끝 사이에 있는 중간과정은 다양하고 천차만별이다. 또 남보다 앞서기 위해 각자가 다른 방법으로 땀을 흘리고 고민하며 변화를 시도한다. 그래서 같은 학교 같은 반에서 같이 공부하던 놈들이 어떤 놈은 공무원이 되어 살아가고 또 다른 친구는 대학교수가 되어 학생을 가르치고 팔자 좋은 놈은 아버지 사업을 이어받아 고생 안 하고 사장님 생활을 편하게 하며 또 다른 어떤 놈은 장관이 되어 신문지상에 오르락내리락 하면서 살아가고 어떤 놈은 평생 직장생활을 하면서 살아간다.

엄마의 뱃속에서 2년의 시차를 두고 태어난 우리 자식들도 성격이 다르고 진학한 학교도 다르며 자기 진로에 대한 생각도 다르다. 아마도 나의 딸과 아들도 삶의 과정이 각각의 다른 모습으로 전개될 것이다. 단지 어떻게 계획하고 얼마만큼 준비했느냐에 따라 살아가는 모습과 만족도를 달리할 것이다. 길거리에 버려져 있는 종이컵과 다른 점이 인간의 삶이다. 인간은 자기의 의지와 노력으로 자기의 운명을 만들어 가는 주체가 될 수 있지만 종이컵은 스스로의 운명을 자기 자신이 결정짓지 못한다는 점이다. 하기야 인간 중에도 종이컵 같은 놈들이 많이 있지만. 종이컵처럼 남에 의해 삶의 과정이 만들어지는 애완견이나 분재도 생명력은 자체로 가지고 있지만 이들은 인간의 지배를 받고 있어 자기 의지대로 살아가질 못할 뿐이다.

우리는 만물의 영장이라고 해서 동물을 학대하거나 자연을 함부로 파손해서도 안 되며 인간이 만들어 쓰고 있는 종이컵도 유용하게 쓴 후에는 수난을 겪지 않도록 있어야 할 다음 자리에 보내야 한다. 그래야만 힘의 우위에 있는 자로서 도리를 다하여 많은 인간들이 질서를 통해서 더 깨끗한 환경 속에서 살 수 있는 것이다.

불경기에는 애완견이나 고양이를 남이 안 보는 사이에 길가에 버리고 가는 인간들이 늘어난다고 한다. 하기야 자기 부모도 버리고 가는 세상이지만. 끝까지 관리하는 능력이 안 될 것 같으면 애당초 애완견을 집안에 들여놓지 말았어야 했고 이왕 키우기 시작했다면 도덕적 양심으로 생을 마칠 때까지 더불어 살아가야 한다.

회사가 어느 특정분야에 인재가 필요해서 스카우트를 했으면 CEO는 이 사람을 위해 더욱 발전할 수 있도록 환경을 만들어 주고 항상 초심을 잃지 않고 예우할 때 모두가 성공할 수 있듯이 말이다. 세상을 살아가는 이치는 다 똑같은 것이다.

주경야독

평범하게 살아가는 사람들의 희망은 대부분 비슷하다고 생각된다. 경제적 여유도 누리고 이왕이면 주변 사람들로부터 신뢰와 존경을 받으며 자식들을 수월하게 키우고 건강에도 큰 문제가 없기를 바라고 내가 말하는 것에 대해 고개를 끄덕거리며 진지하게 받아들이는 모습을 보고 싶어 할 것이다. 나도 어찌 보면 주경야독 출신이지만 이 말의 사전적 의미는 낮에는 일하고 밤에는 공부한다는 뜻으로 바쁜 틈을 쪼개서 어렵게 공부함을 이르는 말이다.

아제르바이잔에 다녀온 직후에 한통의 전화를 받았다. 대학 교수로 재직 중인 분으로서 항상 나보다 더 바쁘고 열심히 살아가고 있으며 대학의 활성화를 위해 많은 기업과의 끊임없는 접촉으로 늘 새로운 프로젝트를 준비하고 산학연 프로그램을 만들어 가는 의욕 넘치는 내 또래의 학자이다. 전화 내용은 이교수가 관장하고 있는 전기학과 직장반 학생들의 야간수업을 한 시간 맡아달라는 것이었다. 그래서 내가 어떤 주제로 준비해야 되느냐고 물으니 "경영과 관리" 분야로 평소에 생각하고 있던 지론들을 자유롭게 강의하면 된다며 나의 심적 부담을 줄여주려고 애를 썼다. 그러나 주경야독하는 학생들이라고 하니 절대로 소홀하게 지나칠 일이 아니라고 생각했다.

특히 전기 분야의 사업을 하고 있는 CEO와 그 업종에 종사하고 있는 근로자들로 구성된 29명의 학생들로서 낮 시간 동안 지쳐버린 몸을 이끌고 자신만의 목표를 위해 남과 다르게 만학을 하려는 의지가 넘쳐 퇴근 후에 급히 서둘러 등교했을 텐데 무언가 나의 강의내용이 유익하고 감명 깊어야만 내 도리를 다하는 것이라고 책임감을 느꼈기 때문이다. 그래서 나는 며칠간을 고민하다가 강의원고를 쓰게 되었는데 그 내용이 맘에 들지 않아 몇 번씩이나 주제를 바꾸고 뜯어고쳐서 겨우 완성하게 되었다.

강의는 금요일 저녁 6시 반으로 예정되어 있었는데 무척이나 비가 많이 오는 날이었다. 차를 타고 이곳에 오면서 86년도에 신촌에 있는 대학원의 야간 MBA과정에 입학하여 5학기 동안 코피 터지며 야독했던 시절에 지금도 O.B모임에서 모시고 있지만 나의 직장상사였던 윤사장님께서 일주일에 3일을 조기 퇴근시켜 주었던 일이며, 중간고사와 학기말고사 때 꼬박 잠을 설치며 야심한 밤에 중간 중간 일어나 인삼차와 우유를 따뜻하게 덥혀 내가 공부하고 있는 조그만 방에 넣어주던 집사람의 정성을 평생 잊지 못하고 있지만 이날따라 더욱 강렬하게 그때 그 시절이 떠올랐던 것이다. 아마도 야간학생들에게 강의를 하게 되어서 그랬을 것도 같다.

15분 전에 교수실에 도착하여 차 한잔을 마시며 담소하다가 강의실로 들어갔다. D대학의 원로이신 이교수의 간단한 소개 인사를 거친 후 곧바로 본 강의를 시작하면서 강의실에 마련된 화이트보드 위에 오늘의 주제를 4가지로 구분해서 "자기경영, 부하경영, 상사경영, 경영관리"로 적은 후 준비했던 얘기 보따리를 풀기 시작했다.

학생들의 수강 태도는 무척이나 진지해 보였다. 남보다 한 가지를 더 배우려는 의지를 느낄 수 있었다. 이런 분위기에 편승해서 나는 열정적으로 강의를 한 후 귀가 길에 자동차 안에서 다시 한번 학생들의 얼굴을 떠올리며 존경스럽다는 생각을 갖게 되었다. 세상을 열심히 사는 모습은 늘 아름답다는 걸 새삼 느끼게 된 하루였다.

준비하는 시간

오십 중반의 나이에 헬스클럽이라도 매일 다닌다면 건강은 유지된다고 생각하고 있는 내가 날씨가 더워서, 바빠서, 약속이 많아서 등등 이런 저런 핑계로 게으름을 피우고 일주일에 두 번도 못 가는 신세가 되고 말았다.

오늘은 저녁 7시 반에 약속이 있는지라 큰맘 먹고 6시가 좀 지난 시간이지만 "오늘은 운동부터 하고 보자"는 생각으로 헬스클럽에 갔다. 어제까지만 해도 이런 경우라면 "1시간밖에 없네. 오늘도 못 가겠네" 하며 또 헬스클럽을 지나쳤을 거다.

반면에 5년 전 같으면 하루라도 빠지면 큰일 나는 줄 알고 일요일 아침에 등산을 갔다 온 후에도 헬스클럽에 갈 정도였다. 3층 카운터에서 옷장 열쇠와 운동복 상하 한 벌을 받아들고 탈의실로 들어가니 키가 큰 삽십대의 코치가 오랜만이라고 반갑게 인사한다. 옷을 갈아입고 런닝머신을 타기 전에 맨손체

조로 몸을 푸는데 약속시간을 의식해서인지 이삼십초 만에 준비운동을 끝내버렸다. 뭐가 그리 바쁜지 본 운동을 하기 전에 충분히 해야 될 준비운동을 늘 그렇게 간과하게 되는 나쁜 버릇이 생겼다. 나이가 먹을수록 본 운동을 준비하는 시간을 젊었을 때보다 더 많이 할애해야 된다고 익히 알고는 있지만 습관이 안 되어 있는 게 문제다.

이삼십년 전부터 상대방과 말을 하다가도 얼른 단어 생각이 안 떠올라 애를 먹을 때가 많은데 이것도 결국은 두뇌회전 스피드가 떨어져 그런 거다. 정해진 행선지를 가려고 해도 가장 빠른 운행코스를 얼른 설계하지 못하여 한참을 생각하게 되는 현상과 마찬가지다. 그래서 요즘은 모든 게 준비시간이 더 많이 필요함을 느끼며 살고 있다. 노후대비도 지금 이 나이에 계획해서 시행하려니 준비기간이 너무 짧다는 후회를 하게 된다. 10년 전 40대 중반부터라도 이런 고민을 했었더라면 모르긴 몰라도 아마 지금쯤은 걱정이 덜 했을 거다.

고등학교 다닐 때 내 머리가 좋다는 과신 때문에 암기과목은 미루고 미루다가 결국은 시험 보기 전날 밤을 새우며 공부했지만 그 결과는 늘 실패였다. 세상에 준비 없이 할 수 있는 일은 거의 없다. 항상 준비 없이 하다 보니 바쁘게 되고 낭패하기 십상이다. 특히 중소기업을 운영하는 주변 사람들을 보면 맨날 일이 많아서 바쁘다는 소리만 하지 경영의 효율성은 떨어진다.

이 같은 현상은 준비과정이 결여된 것으로부터 그 원인을 찾을 수 있다.

쉬운 예로 인원과 조직관리 측면에 있어서 중소기업의 봉급은 낮게 책정되어 있으니 애당초 고급인력을 채용할 수 없는 것이다. 신입사원이 입사한 후에는 급여에 대한 불만은 늘 잠재되어 있으며 소속부서의 상사라는 사람은 신입사원을 체계적으로 가르칠 실력도 없지만 외부기관에 교육을 보낼 의지도 없어 결국은 신입사원이 클 수 있는 기회는 전혀 없게 되니 몇 년 후에 승진하여 관리자가 되어도 그 조직은 그 수준에서 벗어나지 못하는 악순환의 연속이 되는 것이다.

중소기업도 미래의 발전을 위해서는 인력을 키우는 준비기간이 필요한 것인데 기존 관리자들은 부하를 가르칠 능력도 없지만 교육기회도 제공하지 않으니 회사가 발전할 수 없게 되는 것이다. 이래서 중소기업은 이직률이 높게 되고 그 결과 조직의 안정을 기할 수 없게 되며 이런 현상은 대내외적으로 신뢰를 떨어뜨리게 되어 결국은 매출신장을 통한 회사발전을 기대할 수 없게 된다.

신혼부부가 아이를 낳는 데도 10개월이란 준비기간이 필요하고 아이들이 자라서 대학교에 진학하기 위해서는 초·중·고 12년이란 세월이 흘러야 한다. 내가 평소에 말없이 고민했던 우리 아들은 군에 갔다 와서 철이 들었는지 복수전공도 신청하고 뉴질랜드에 교환학생으로 갔다. 거기서 3학년을 마치고 나면 내년에 4학년으로 복귀해서는 여름방학을 이용해서 인도에 취업인턴과정으로 갈 계획을 갖고 있는 모양이다.

참 다행스럽다는 생각이 든다. 일련의 이런 과정은 모두 사전에 준비하지 않고서는 실행에 옮길 수 없는 것이기에 더욱 대견하다는 느낌을 받는다. 한 집안이 발전하려면 부모보다 자식들이 더 나아야 되고 한 기업이 성장하려면 기존인원보다는 신규직원이 더 똑똑해야 한다. 이런 것들은 언제나 준비하는 시간을 필요로 하는 것이다.

삼풍아파트나 성수대교 붕괴사건도 계획단계의 철저한 준비와 필요한 시간을 충분히 기다릴 줄 아는 의식과 자세가 부족해서 일어났던 것이다. 준비란 소중한 시간 자원을 투자하는 것이다. 우리가 살아가는 데 있어 시간이란 항목은 거스를 수 없는 소중한 자원이다. 시간을 통해 뭔가를 준비할 수 있고, 시간의 흐름에 따라 성장하며 여태까지 몰랐던 사실도 경험하고 이해하게 되고 상호간에 있었던 오해가 풀리기도 한다. 철저하게 준비하는 과정이 없으면 즉흥적이 되고 일류가 아닌 삼류로 타락한다. 개인이나 기업이나 국가도 준비하는 시간을 통해서 효율적으로 발전해 나갈 수 있는 것이다. 그런데 준비하는 시간은 성격이 급한 사람이나 조급한 문화 속에서는 늘 아깝게 느껴지기에 이를 생략하게 되고 그냥 지나치게 된다. 아이들을 키우는 부모나 인재를 육성하는 기업이나 산업발전을 통하여 국민의 소득을 신장시키려는 국가는 반드시 계획을 세워서 거기에 도달할 때까지의 준비하는 시간을 가질 때 기초가 탄탄하고 견실하게 성장할 수 있다.

헬스클럽이나 골프장이나 축구장이나 수영장을 가서도 준비운동 하는 시간을 아깝게 생각하지 말고 충분하게 투자해야 한다. 집을 옮길 때도 사옥을 건립할 때도 여행을 갈 때도 준비하는 시간을 충분하게 갖자. 바둑을 둘 때도 어떠한 중대한 결심을 할 때도 한번 더 생각해 보는 준비시간을 갖는 습관을 들이자. 준비하는 시간은 결코 손해 보는 게 아니라 정확하게 높은 품질을 확보할 수 있는 미래에 대한 투자인 것이다. 우리 모두 일상 속에서 준비시간을 갖는 습관을 만들자. 그러면 더 행복한 삶이 펼쳐질 것이다.

중년의 위기 돌파방법

사람의 신체는 아주 과학적으로 시스템화되어 있어 반드시 사전예고를 통해 병을 고칠 수 있는 기회를 준다고 생각된다. 예를 들어 이가 시리면 빨리 치과에 가보라는 예고이며 몸이 으스스하면 피로가 누적되었으니 감기치료를 위해 충분한 휴식을 취하라고 신호를 보내주는 것이다. 그러나 정신적 건강은 신체와 달리 겉으로 드러나지 않고 속으로 곪기에 너무나 많은 고통이 뒤따른다.

옛날 같으면 오십 초반에 들어서면 어느 직장이나 만 55세라는 정년 규정이 있어 은퇴를 앞두게 된다. 그러나 우리 사회는 1997년 12월 3일의 IMF사태를 겪으면서 직장 정년퇴직의 개념이 사라지고 언제나 퇴출위기를 느끼면서 삼사십대 계층부터 불안한 미래를 매일 걱정하며 살아가는 게 현실이 되어 버렸다.

그래서 모임에 나갈 때마다 누구누구는 이번에 옷을 벗게 되었다느니 누구는 사업 준비를 시작했다는 소식을 자주 접하게 되었다. 내 주변에는 잘 아는 사람들이 본의 아니게 직장을 떠나게 되어 사업을 할 수밖에 없는 입장으로 고민하게 된 적이 많았다. 그러나 일단 용기를 내어 사업이란 종합예술분야에 진출하고 나면 매사가 계획대로 진행되지 않고 자꾸 넘어질 것 같은 걱정 때문에 불면증도 나타나고 술도 자주 가까이하게 되고 이러는 사이에 본인 스스로에 대한 자신감도 상실하게 된다.

특히 요즘처럼 오십이 넘어 옛날의 정년 나이가 다가오면 기존 사업은 전망이 깜깜하여 접어야 하는데 새로운 사업을 찾아보니 확실한 아이템은 없는 것 같고 또 시작하더라도 이 나이에 망하면 가족부양과 나의 사회활동을 어찌해야 하나 하면서 깊은 고민에 빠지게 된다.

이렇게 자신감이 없다 보니 미래의 희망도 안 보이고 혼자서 심한 외로움을 느끼게 된다. 더 문제는 나는 왜 무능할까 생각하면서 점점 마음의 문을 닫고 우울해져 간다는 것이다.

에리히 프롬은 "우울이란 감각에 대한 무능력이며, 우리의 육체가 살아 있음에도 불구하고 죽어있는 느낌을 갖는 것이다. 그것은 슬픔을 경험하는 능력도 없지만 기쁨을 경험할 능력도 없는 것"이라고 말했다.

사람들 중에는 남이 보기엔 꽤 재미를 느끼며 행복하게 사는 것 같은데도 자신이 우울을 느낀다며 괴로워하기도 한다. 중년의 나이에 이러한 위기를 돌파하는 방법은 일이 없어지더라도 무조건 바깥에서 지내야 한다는 것이다. 예전에 알고 지내던 많은 사람을 의식적으로 만나면서 나보다 더 어려워진 사람의 얘기를 통해 "아직 나는 행복한 편이네!" 하면서 스스로 최면을 걸어야 한다.

행과 불행의 차이는 내가 나 자신을 어떻게 평가하느냐에 달려 있다. 나의 행동은 나의 생각에 따라 나타나는 결과일 뿐이다. 마음만 고쳐먹으면 위기를 탈출할 기회를 찾을 길이 보인다.

조지 메이슨 대학의 연구교수 정유선 씨는 뇌성마비로 인한 언어장애와 지체장애를 극복하고 미국에서 박사학위를 받았다. 그는 "행복은 절대 먼저 손을 내밀지 않는다. 세상은 스스로를 믿는 만큼만 길을 내준다"라고 인생의 길을 제시했다.

집 생각

6월 16일, 월요일 아침 CIS(독립국가연합) 3개국으로 가기 위해 범계역에 있는 리무진 공항버스 정류장에서 9시 5분 차를 타려고 길가의 벤치에 앉아서 기다리고 있는데 외국을 다녀온 여행객들이 수원으로 가는 리무진 버스에서 하나 둘씩 내린다. 모두들 한결같이 피곤한 기색이 역력하다. 그들도 떠날 때는 신바람 났겠지만 시차와 음식문화 등 전혀 다른 환경 속에서 며칠을 보냈기에 집으로 돌아올 때는 피로하다는 생각밖에 없으리라. 나도 귀국시에는 언제나 피곤한 몸을 이끌고 집으로 향했듯이.

그러나 이렇게 힘든 여행 끝에는 영원히 잊지 못할 추억이라는 값진 자산을 얻게 되어 평생 동안 가슴과 머릿속에 남겨져 수많은 얘깃거리가 되어 준다. 일감을 찾으러 가는 비즈니스 투어도 완전 자유여행보다는 덜 하지만 그래도 새로운 나라를 다녀온 추억과 처음 본 이국인을 만난 것에 대한 신비스러움은 소중한 기억이 된다. 모스크바 공항을 몇 차례 경유했건만 이번처럼 러시아 안으로 들어가 보기는 처음이어서 더욱 가슴이 설레는 것은 아직도 내가 젊다는 반증이요 여행의 즐거움이 기다리고 있기 때문이다.

3개국을 열흘 일정으로 소화해야 되는 이번 비즈니스 투어는 수박 겉핥기가 될 수도 있겠지만 러시아와 우크라이나는 처음 가는 곳이라 그래도 고생한다는 마음보다는 추억의 언덕을 만들 수 있다는 기대가 더 크다. 비행기 타는 시간만 약 40시간 가까이 되고 공항에서 기다리는 시간도 하루 온종일이 다 되는 정도이니 엄청난 강도의 비즈니스 투어가 되는 셈이다.

이젠 비행기 타러 갈 때는 기내에서 착용할 슬리퍼 지참은 필수이고 휴대용 작은 가방 안에는 칫솔, 치약, 면도기, 로션, 아침마다 복용해야 될 약품류 그리고 책 한 권과 필기구는 기본으로 넣고 다니는 습관이 생겼다. 나이 드신 선배나 주변 사람들이 건강할 때, 장시간 비행기 탈 수 있을 때 부지런히 해외여행을 다니라는 얘기가 꼭 맞는 것 같다. 건강해야 여기저기 다니게 되고 음식도 당기고 이사람 저사람 새롭게 만날 수도 있게 되는 것이니 돈 많은 것보다도 건강이 두 번째일 수는 없다. 그래서 나는 장시간 비행기를 타는 내 모습을 보며 아직도 건강하다는 생각과 감사함 그리고 즐거움을 함께 느끼게 된다.

또 하나의 특징은 나 홀로 집을 떠나 가족들과 잠시 이별을 하게 되면 일상생활 속에서 못 느끼던 가족의 소중함과 집의 편안함, 그리고 보고 싶었던 주변 사람들에 대한 재미있는 생각, 새로운 감정을 다시금 돌아볼 수 있는 기회가 된다는 점이다. 중·고·대학 학창시절에 배낭을 메고 친구들과 청평이나 대성리 같은 곳으로 캠핑을 다녀온 후 집에 돌아왔을 때 "아! 집이 제일 좋구나" 하고 느끼는 그런 기분 말이다.

요즘 내가 소망하는 "다다익선"은 70세까지 사회생활을 정상적으로 하다가 은퇴 후 집사람과 국내 무명지역을 구석구석 찾아다니며 마음에 들면 일박을 하고 그렇지 않으면 다른 곳으로 발걸음을 돌리면 되고, 집 생각이 나면 새벽에라도 아무 부담 없이 귀가하는 형태의 작은 여행을 즐기는 것이다. 물론 사회 은퇴 전까지는 비즈니스든 자유투어든 열심히 장거리를 뛰는 것을 전제로 한다.

오늘도 비행기에 오르기 전에 러시아항공의 맛없는 음식이 싫어 공항 대합실 안에 있는 한식식당에서 뭘 먹을까 잠깐 동안 고민하다가 평소에 좋아하는 순두부를 주문하고 내 번호가 전광판에 뜰 때까지 다른 사람들이 먹는 모습을 둘러보았다. 11시 방향에 노부부가 마주보고 앉아 가슴에는 여행사 표지를 하나씩 달고 내가 음식을 주문하고 기다리기 전부터 음식이 나와서 다 먹을 때까지 하나도 바쁠 것 없다는 자세로 아주 천천히 점심을 드시는 모습을 보며 15년 후의 나를 그려보았다.

여행 중 또 하나의 기회는 평소에 갖고 다니는 조그마한 수첩을 꺼내 그동안 쓰지 못했던 글을 적어 내려가다 보면 6시간이상 환승을 기다리는 모스크바 공항에서도 무료함을 달래기에는 최고라는 것이다. 주말을 끼고 여행하는 경우에 제일 불만은 등산과 바둑모임에 참여할 수 없는 게 애로라면 애로사항이다. 그러나 이렇게 일주일을 걸러 만나게 되면 모임 사람들이 무척이나 반가워하는 모습을 보면서 그 나름대로 평소보다 큰 정감을 얻을 수 있어 가끔은 좋은 점도 있다는 걸 알게 된다.

큰아이인 딸도 오비이락으로 오늘부터 4일간 연수에 들어간다니 남편은 러시아 쪽에, 아들은 뉴질랜드에 보내고 집사람만 홀로남아 독수공방할 것이다. 그러나 공항버스를 타고 오면서 내가 그려보는 집사람의 마음은 마치 애들 다 독립하고 남편이 하늘나라에 간 후 찾아오는 외로움을 미리 경험하는 훈련이 될 수도 있겠다는 생각을 해봤다. 이렇듯 식구들이 집을 떠났을 때 느끼는 감정은 서로가 다르겠지만 뭔가 새로운 감정을 갖게 되는 기회가 될 수 있다고 생각한다. 1년에 몇 번은 이런 기회를 자연스럽게 가질 수 있는 것도 여행이 좋은 계기가 된다.

인천에서 중간 기착지인 이곳 모스크바공항까지는 9시간 반 정도 걸리는데 이 비행기 안에서 책 한 권을 완독하고 나니 착륙할 시간이 되었다. 지금부터는 6시간 반을 이 공항 내에서 기다리다가 다음 비행기를 타고 우크라이나에 있는 키예프로 가게 된다. 오늘 하루 종일 비행기 타는 데 올인한 셈이다. 아프리카의 사자가 하루 종일 세랭게티 공원에서 먹잇감을 찾으러 헤매는 것처럼….

참살이

내가 매일 보는 신문에 이런 내용의 기사가 있었다. "부자가 꼭 가난한 사람보다 행복한 것은 아니다. 기업을 팔아서 현금으로 4,000억 원을 번 자산가에게 한 친구가 '이제 인생을 즐기면서 살라'고 조언했다. 그런데 이 자산가는 '무슨 소린가. 나는 1조 원을 만들 때까지는 쉬지 않을 거야'라고 대답했다고 한다. 그 사람은 부자가 아니었다. 내가 가지고 있는 것의 소중함을 느낄 때 겸손해지고 행복을 느낄 수 있다. 행복은 결과가 아니라 과정이라고 한다."

Well-being(참살이)은 어찌 보면 삶에 대한 자각에서 시작됐다. "더"보다는 "덜" 취하자는 깨달음인 것이다. 나와 알고 지내는 70세의 노인양반이 점심을 같이하면서 들려주신 말씀이 생각난다. "식사를 할 때 자기 욕심의 70%만 먹고 30%는 아깝게 생각하지 말고 남겨라"라는 지론은 어찌 보면 세상을 지혜롭게 살아가는 마음가짐이라고 느껴진다.

지금은 저 세상 사람이 되어 버린 윗동서 말대로 "장사를 할 때는 나만 최대로 이익을 취하려 하지 말고 다음 사람도 이문이 남도록 하라"는 비즈니스 방법도 지금까지 내 머릿속에 생생하게 남아있다. 왜냐하면 나와 거래하는 사람도 나와 거래하면 이윤이 남는다는 생각을 할 수 있기 때문에 또 다시 나를 찾아 내 물건을 사려고 계속 연락하게 된다는 지론이었다.

어떤 모임에서든 내가 조금 더 시간을 투자하여 더 관심을 갖고 내가 더 비용을 분담하면 다른 사람이 다 좋아하게 되어 있는 법이다. 나는 여태까지 살아오면서 약속은 철저하게 지켜서 상대방이 나와 약속하면 어떤 경우에도 100% 신뢰할 수 있도록 행동한다. 하지만 마음속으로는 1등보다는 2등이 더 아름답고 주변 사람들에게 경쟁의식을 덜 느끼게 하며 나를 푸근한 사람으로 받아들일 거라고 믿고 있다. 이기는 데 집착하지 않고 체념할 줄 알아야 스트레스에서 탈피할 수 있다고 했다. 그래서 1등 하려는 욕심을 억제하고 남의 눈에 띄는 행동을 자제하여 돌아가신 아버님 말씀대로 좋은 일에는 남을 앞세우고 나쁜 일에는 내가 대신하는 자세를 지향하며 살고 있는지도 모르겠다.

내가 "더"취하는 것보다 "덜" 갖는다는 의식은 음식에서도 금전적인 면에서도 웰빙이 되리라.

청도 소싸움

새벽 4시에 알람시계가 울리면서 기상, 5시 출발. 우리 식구 넷은 토요일 새벽 어둠을 뚫고 남쪽나라로 찾아갔다. 전부가 잠을 설친지라 운전기사인 집사람을 제외한 나머지 셋은 잠의 유혹에 깊게 빠졌다. 4시간여를 지나니 목적지인 소싸움 축제가 열리는 청도군의 서원천변에 자리한 임시 가설 스타디움에 다다를 수 있었다.

오전 10시부터 본격적인 소싸움이 벌어지기 전에 소싸움장 안에서는 오프닝 공연으로 농악놀이가 뜨겁게 달궈지고 있었으며 금번 행사를 잘 치르게 해달라고 기원하는 주최측 관계자들의 고사가 함께 진행되고 있었다. 고사 후에는 과일과 고사떡을 나누어 먹는 차례가 있었는데 우리 앞에 앉아계시는 시골 할머니에게 행사관계자가 고사떡을 한 접시 갖다드리는 바람에 우리도 손을 내밀어 한 조각 맛을 볼 수 있었다.

이러한 식전 행사가 끝나가면서 본격적인 소싸움 경기가 시작되었다. 스타디움에는 관람인파가 쉬지 않고 계속 밀려들어 왔다. 시골할아버지가 친구 분들과 오셔서 함께 모여 앉기도 했고 할머니들이 며느리나 딸과 손주를 데리고 오기도 하였으며, 미군들이 조금 쌀쌀한 봄 날씨에 어울리지 않게 반바지와 반소매 차림으로 떼를 지어 자리하기도 하고, 아마추어 사진작가로 보이는 사람들이 등산복 차림으로 그룹을 지어 들어오기도 했다.

TV에서 보았던 소싸움을 현장에서 직접 보니 그 맛이 달랐다. 삼십 분을 넘어 사십 분 가까이 계속 밀고 밀리는 체력전을 하는 소들이 있는가 하면 입장할 때만 요란하게 뛰어 들어와선 상대방 소가 들어와 꿋꿋하게 서서 노려보자 몇 번을 등을 보이며 도망가 버려 머리 한번 맞대보지도 못하고 실격패당한 소도 있었다. 조련사의 악 쓰는 힘이 빠지자 잘 버티던 소가 맥이 빠져 도망가서 패배당한 소도 생겨났으며, 생김새는 불곰처럼 보였는데 요령꾼인 상대방에게 꾀에 말려 패한 소도 있었다.

여름날 목동들의 여흥이었던 소싸움이 민속놀이로 발전하여 이제는 관광문화상품으로 개발되어 우리 같은 사람들도 계획을 잡아 보러 올 정도가 되었고 외국인까지 관광하러 모여들었지만 우리 식구가 자리 잡은 스탠드 앞에서는 정겨운 시골사람들의 풍경이 그대로 나의 눈에 비쳐졌다. 칠순이 조금 넘어 보이는 할아버지 몇 명이서 신문지 깔고 땅바닥에 앉아 소주와 오징어를 각각 삼천 원씩에 파는 장사꾼을 불러 소주 한 병에 오징어 한 마리를 사면서 두 분이서 서로 돈을 내려 하니 그분 중 양복 상의를 입은 노인양반이 친구의 손을 저으며 자기 지갑에서 돈을 꺼내어 지불하는 모습, 커피 파는 아줌마에게 한 잔에 천 원씩 하는 커피를 오백 원에 달라고 졸라 결국은 성사시키는 양 볼이 쏘옥 들어간 할머니, 검은색과 노란색의 찰고무줄을 팔러 다니는 장사꾼, 강냉이와 뻥튀기를 하나 사서 같은 동네에서 오신 친구들과 나누어 먹는 할머니의 모습 등등에서 시골동네의 잔치를 바탕으로 해서 이렇게 큰 행사가 되었음을 상상할 수 있었다.

황사바람이 점점 심해지는 것을 느끼면서 우리 식구는 출입구를 빠져나와 여느 행사장과 마찬가지로 텐트촌을 만들어 장사하는 이동식 음식점에 들러 오징어순대볶음을 시켜 요기하고 바닷가로 향했다.

저녁 9시가 다 되어 귀가했지만 앞으로 몇 번이나 네 식구 모두가 참여하는 여행이 이루어질 수 있을까. 또 하나의 추억을 만드는 데 나도 가장으로서 일조하였구나 하며 내일 아침의 등산을 위해 잠자리에 들었다.

칭찬의 힘

질책의 반대 개념이 칭찬이다. 우리나라 사람들은 남을 칭찬하는 데 인색하다고 한다. 그러나 남을 흉보거나 헐뜯고 질책함에 있어서는 경쟁적이다. 이게 다 남의 장점을 보려고 노력하는 것보다는 단점을 보려는 습성이 몸에 배어 있어 그렇다. 상대방의 단점은 노력하지 않아도 쉽게 느낄 수 있기 때문이다. 그러나 남을 칭찬하려고 할 때는 그 사람의 장점을 발견하려고 노력해야만 가능하다. 이는 또한 매사에 임하는 자세가 긍정적이냐 부정적이냐 하는 시각의 차이에서 발생하기도 한다. 매사에 긍정적인 사고를 가진 사람은 상대방의 좋은 점을 찾으려 하지만 부정적 사고방식의 소유자는 그렇지 못하기 때문이다.

나는 아이들을 키우면서도 그들의 이야기를 긍정적으로 청취하려고 노력하며 좋은 생각이라고 느낄 때는 적극적으로 동의하면서 칭찬도 곁들인다. 이것은 젊은 시절에 직장생활을 하면서 배운 것으로써 상사로부터 칭찬을 받게 되면 그를 따르게 되고 내가 신뢰를 받고 있다는 생각에 더욱 더 맡은 바 업무에 자진해서 충실하게 된다. 그런데 질책만 일삼는 상사에게는 회의나 결재를 받을 때 이번에는 또 어떤 이유로 반박할까 걱정부터 하게 된다. 그러다 보면 상사와 업무상 대화 이외에는 개인적인 고민이나 일상적 삶에 대한 얘기를 꺼리게 된다. 아니 정확하게 말하자면 자주 접촉하는 자체가 스트레스이다.

그래서 부하 직원을 대할 때는 그를 인정하고 용기를 북돋아주며 잘했다고 칭찬해야 된다는 걸 배우게 되었고 이걸 자식에게도 적용하고 있는 것이다. 칭찬을 받은 자식은 자신감이 생겨 더 높은 목표를 수립하고 이에 도전하게 된다. 늘 부정적인 언행을 절제할 줄 모르는 사람들은 자주 만나고 싶지 않다. 왜냐하면 만나고 나서도 별로 좋은 기분이 안 들기 때문에 그렇다. 그러나 긍정적이고 활달한 사람들은 만날 때마다 기분이 좋아져 자주 만나게 된다. 여기에 더해서 상대방을 배려하는 태도까지 갖춘 긍정적인 사람은 주위에서도 인기가 높아진다.

칭찬의 의미를 아는 사람은 리더십도 갖추고 있다. 그래서 따르는 사람이 많아진다. 칭찬은 마법이요 기적의 원천이라고 한다. 칭찬은 좌절에 빠진 사람을 구해낼 수 있고 기가 죽은 사람에게 자신감도 불어넣고 또한 불가능한 일도 가능하게 만든다고 한다. 칭찬은 자녀교육과 부하관리, 고객관리의 모든 대인관계에서 성공의 비결이 된다.

그러나 칭찬 일변도는 문제가 있다. 자만에 쉽게 빠지게 한다. 진정한 성장을 위해서는 칭찬만큼 사랑의 질책도 필요한 것이다. 기업운영에 있어서 최고경영자나 중간임원 그리고 관리자들이 칭찬의 효과를 알고 조직 관리에 임한다면 그 회사는 자율적으로 신나게 일하는 직원들이 많아지고 이에 따라 업무의 생산성이 향상되어 매출과 이익이 비례해서 늘어나게 되어 있다. 질책만 하는 조직에서는 그 반대의 효과만 나타난다.

나는 큰아이인 딸이 대학교 1학년 말에 자기의 진로에 대해서 자문을 구하러 왔을 때 본인의 의견을 경청하면서 "그래서? 니 생각은? 야, 그거 좋은 생각이다!" 딱 이 세 마디의 말로 동의표시와 함께 칭찬해 주었던 기억이 남아 있다.

둘째인 아들 녀석도 군에 가는 문제와 복수전공, 그리고 교환학생 이수계획을 꺼냈을 때 "그러면 좋지! 넌 할 수 있어! 여태까지 잘 해왔잖아" 하면서 긍정적 답변과 칭찬을 함께해 주었다. 앞으로 다른 자문을 구하더라도 나의 마인드는 변하지 않을 것이다. 왜냐하면 나의 이런 태도가 자식들에게는 일단 본인 스스로 고민하고, 계획을 세우고, 자신감을 갖고 새로운 도전목표를 달성하려는 긍정적 의지와 습관을 만들어 주었다고 생각하기 때문이다.

칭찬은 나 자신의 긍정적인 마인드에서 출발해서 상대방까지 긍정적으로 만든다. 그래서 칭찬을 할 대상자나 적절한 시기를 선택함에 있어 다다익선 개념으로 언제 어디서나 누구에게나 즉각 할 수 있는 습관이 몸에 배어 있어야 한다. 칭찬도 많이 해 본 사람이 자연스럽고 적극적으로 잘한다.

지금부터라도 웃음과 유머를 곁들인 칭찬을 해보라! 나 자신부터 긍정적이 되고 행복을 느낄 수 있으며 상대방도 기분 좋고 긍정적인 사람이 되어 나를 신뢰하는 선순환 효과를 거둘 수 있게 된다. 말 한 마디로 천 냥 빚을 갚는다. 돈도 안 드는 칭찬 한 마디로 누이도 좋아하고 매부는 춤을 추는 아름다운 분위기를 창조할 수 있다.

평범하게 사는 것도 쉽지 않다

웬만한 봉급쟁이들 중에 주식투자에 손을 안 대어 본 사람은 드물 것이다. 일상의 삶으로는 주머니를 일시에 채울 수 있는 기회가 없다고 생각하기에 신문지상의 주식 열풍 소식에 너도 나도 증권시장을 기웃거리게 된다. 내가 산 주식이 올랐으면 기분 좋아 퇴근길에 소주 한 잔 찾게 되고 떨어졌으면 씁쓸한 마음으로 "인생이 다 그런 거지" 하며 후회하곤 한다.

대부분의 경우 그 결과는 십중팔구의 사람들이 참담한 실패의 경험만 갖게 된다. 무리한 주식 투자로 오순도순 살아가던 가정도 깨지고 급기야는 홈리스족이 되어 버린 사람, 심지어 생을 포기하고 한강에 투신자살한 사람을 TV특종으로 보게 된다. 세상에 쉽게 돈을 벌고 싶지 않은 사람이 얼마나 되겠는가만 사실 지나고 보면 돈 벌기가 무척이나 어렵다는 걸 깨닫게 되는 것이 우리네 삶이다. 나도 한때는 벤처기업의 꿈에 부풀어 두 번이나 무모한 도전을 해봤지만 그 결과는 완전 패배였다. 그나마 젊은 시절이고 몇몇 지인들과 함께 참여했길래 망정이지 큰 욕심에 혼자서 투자했다면 집도 돈도 엉망이 되었을 게 뻔하다.

내 주변에서도 가정불화로 또는 지질 없는 참모 등용으로, 무모한 투자로 양이 음이 되어 버린 사람들이 많다. 그들의 공통점은 자기 경영에 소홀했거나 뒤에 벌어질 예상되는 문제점은 생각해 보지도 않고 앞만 보고 공격 앞으로 했던 사람들이란 것이다. 내 경험에 의하면 부동산 투자도 100%는 성공하지는 못하는 법이다. 모든 게 내 예측대로 맞아 들어가지 않으며 예기치 못했던 돌발 상황이 나타나기 때문이다.

물론 개중에는 운이 엄청나게 좋아 투자할 때마다 성공하며 연이은 대박을 터뜨리는 행운아도 있다. 그러나 그런 사람들은 태어날 때부터 그런 복을 갖고 나온 것이라고 생각해 버리면 된다. 평범한 사람들은 일상생활과 일터에서 크고 작은 행복을 느끼며 살아가야 하지만 인간의 욕심은 항상 현실보다 좀 더 나은 소득과 사회적 지위 그리고 자식의 성공을 꿈꾸게 마련이다. 이렇게 꿈꾸며 사는 것을 누가 뭐라고 할 수는 없는 노릇이지만 무리한 처신은 반드시 화를 불러온다는 사실을 알아야 하며 그 종국은 "내가 왜 그랬을까?" 하는 후회만 남기게 되는 게 우리네 인생살이인 것 같다.

내가 아는 주변 지인들도 보면 1단계를 성공했다가도 자기의 여건과 분수를 모르고 또한 진정한 친구나 참모의 충정어린 충고를 귀로 듣기만 하고 마음속으로 받아들이지 못해서 사상누각을 만들어 버리는 경우가 많다. 하기야 나도 벤처기업을 한다고 나섰을 때 주변 사람들의 반대에도 불구하고 "나도 할 수 있다"는 생각과 "내가 왜 못해!"라는 아집에 사로잡혀 반대하는 사람들을 섭섭하게 생각했던 것이 나중에 보니 실패의 가장 큰 원인이었던 것이다.

그렇게 망하고 나서 내가 배운 점은 남의 말에 대한 경청이 의사결정 과정에서 매우 중요하다는 것과 이런 사건 없이 평범하게 산다는 게 얼마나 어려운 것인지 알게 되었다. 평범하게 산다는 것이 반드시 용기 없이 산다고 볼 수 없으며 오히려 자기 자신을 억제하고 인내하며 살아가는 일련의 노력이라고도 평가된다는 것이다. 나이가 들면서 한 우물을 파며 우여곡절 없이 사회생활을 유지해 온 사람들에게 존경하는 마음이 생기는 것도 평범함의 어려움과 중요성을 깨달았기 때문이리라.

내가 생각하는 "평범하게 사는 것"이란 집안이 화목하고 폭넓은 대인관계를 통해 여러 계층의 사람들과 두루두루 어울리고 자기 자신을 부자라고 느끼며 살아가는 것이다. 나는 오십 중반의 지금 나이에도 차를 몰고 다니면서 "나는 행복하다"라고 목청이 떠나가도록 몇 번이고 소리치며 아침에 일어나 면도를 하면서도 거울을 보고 웃어본다. 그리고 내가 하는 일에 항상 감사하다는 마음을 내 머릿속에 반복적으로 인각시키며 살고 있다. 누군가에게서 한 통의 전화를 받더라도 나를 찾아줘서 고맙다는 생각을 하며 산다. 그리고 나와 더불어 살아가는 모든 사람들에게 나를 만나면 재미있다 편안하다는 느낌을 받도록 행동하려 노력한다. 그리하여 이것이 선순환되어 다시 나에게 관심을 갖고 나를 찾아주도록 기대를 하며 산다.

이제부터의 평범한 삶은 매우 중요하다. 인생의 연착륙이며 하나의 불씨를 꺼지지 않도록 소중하게 관리하는 것과 같기 때문이다. 평범한 생활 속에서 행복이란 자기 최면을 계속 걸어가며 내가 설정한 삶의 질을 유지 · 관리하는 것이 무엇보다도 더욱 필요한 시기가 된 것이다. 환자보다는 건강한 사람에게 주변 사람들이 몰리듯이 행복하게 보이는 사람에게 더 많은 사람이 찾을 것이다. 그러니 평범하게 사는 것이란 그저 그렇게 사는 것이 아니고 철저한 자기 관리를 통해서만 실현 가능한 것이다.

이제부터는 하루하루 생활을 어느 장관 부럽지 않게, 큰 부자들처럼 주변 사람들을 인식하지 않고, 사소한 고민거리는 그냥 무시해 버리며 그동안의 나의 브랜드를 지키며 살아가고 싶다. 이것이 평범한 삶이 아닐까?

폼생폼사

아침에 경제신문을 보다가 “신세대 직장인 7계명”이란 칼럼이 눈에 띄었다. “생애재무설계 A to Z”라는 부문에서 Better life를 위한 제안이었다.

1. 폼생폼사 지양
2. 신용카드 사용 삼가
3. 주식 직접투자 지양
4. 내 집 마련 중요
5. 인터넷뱅킹 필수
6. 절세방법 철저연구
7. 자기계발 절대 지속

7가지 제목으로 구성되었는데 이것은 신세대 직장인에게 국한적으로 적용될 것이 아니라 당장 나부터 실행에 옮겨야 될 행동지침인 것 같다고 느껴졌다. 트리플 30시대라고 첫 30년은 부모의 도움으로 성장하며 미래를 위한 소비단계이고, 두 번째 30년은 사회에 진출하여 결혼하고 일하며 재산을 축적하고 자녀를 교육하는 등 왕성한 경제활동 시기이다. 마지막 30년은 은퇴 후에 삶을 즐기며 인생을 정리하는 시기인데 평균 70~80세가 90세로 된다는 전망 하에 요즘의 재무 설계를 하는 기준으로 적용한단다. 따라서 은퇴 전에 어떻게 행동해야 은퇴 후에 어떤 삶의 질을 누리게 될 것인지를 가늠하게 된다는 얘기다.

그러니 지금의 우리 세대는 위 공식대로 한다면 두 번째 마지막 단계 7년여와 마지막 30년이 남았는데 최소한 이 7년여 기간이라도 새로운 컨셉으로 자식관리와 부부의 생애관리 계획을 검토해야 된다는 얘기다. 두서없는 얘기지만 내가 수목장이니 해양장이니 하는 것도 내가 죽은 후에 자식들에게 지금처럼 묘지관리에 신경과 비용을 쓰지 않고 기분 좋게 추모하는 지혜를 주려고 하는 것이요, 사회진출 3년간 본인이 벌어서 모은 돈으로 결혼하라는 것도 시집 장가갈 때 기둥 뽑아 보내면 그 후유증으로 부모들이 힘들어진다. 부모가 힘들어 하면 결혼한 자식들은 손주 데리고 부모님 댁에 찾아오는 것이 부담되어 찾아오는 빈도가 떨어지고 나중에는 외면하게 될 것이란 얘기다. 따라서 자식들은 지가 벌어 지가 결혼비용을 충당하여 부모 부담을 경감시켜 주면 부모의 재정이 건강하게 유지되어 나

중에 손주 데리고 찾아올 때 장난감 살 돈이라도 주고받을 수 있다. 부모는 베풀 수 있어 행복하고 자식은 자기 자식을 반갑게 맞이해 주는 부모님을 기쁜 마음으로 부담 없이 자주 볼 수 있게 되어 선순환이 이루어지게 된다는 얘기다. 즉, 장기 안목적 행동이 부모 자식 간 서로에게 모두 필요하다는 것이다.

처음 한 번만 폼 잡는 것보다는 늘 꾸준할 수 있는 합리적 선택이 중요하다는 얘기다. 체면을 중시하는 우리 사회는 쉬운 말로 폼생폼사가 만연되어 있어 비합리적인 행동과 요소가 너무 많다.

하나뿐인 목숨

30대 중반의 어느 유명한 탤런트가 자살했다는 보도를 접하면서 여러 가지 생각이 교차했다. 최근 주변에서도 죽고 싶다는 얘기를 쉽게 듣고 있는 터라 자살하는 사람과 자살을 시도하려는 생각을 갖고 있는 사람들을 보면서 그냥 지나가는 얘기로만 들리지 않는다.

지금 북경에서는 장애인 올림픽이 열리고 있다. 나의 장애인에 대한 시각도 많이 바뀌었다. 젊었을 때는 장애인을 보면 그저 신체가 부자유스런 정도로만 생각했었으나 나이가 들면서 언제부턴가 나 자신도 본의 아니게 장애인이 될 수 있으며 내 가족도 그리고 내 주변 사람들도 불의의 교통사고나 질병으로 장애인이 될 수 있다고 생각이 되어 나와는 상관없는 일이 결코 아니라는 걸 깨닫게 되었다. 하물며 하나뿐인 자신의 목숨을 하늘의 뜻에 따라 맡기지 않고 어떤 이유든 자의적으로 결정짓는다는 건 매우 잘못된 생각이며 불행한 사건이다.

2007년도 평균으로 우리나라에서도 하루 평균 33명이 넘는 사람들이 자살했다는 건 우리 사회의 일그러진 일면을 그대로 보여주는 것이다. 한편으로는 자살까지 할 용기가 있었다면 그 극단적 의지로 재도전하여 새로운 삶을 충분히 만들어 나갈 수 있었을 것이라는 생각에 더욱 아쉬움만 남고 씁쓸할 뿐이다.

내 주변에서 들었던 죽고 싶다는 사람들을 보면 50대 중반의 나이라서 그런지 몰라도 대부분 경제적인 고민거리나 가족문제로 시작한다. 그리고 또 하나의 공통점은 자살하겠다는 의사를 반복해서 만나는 사람들에게 밝힌다는 것이다. 그래서 이런 상대방의 지나치는 듯한 말을 관심 깊게 듣는다면 주위 사람들과 합세해서 극단적 행동을 사전에 예방할 수도 있다고 한다.

젊은 사람들의 자살 동기는 내가 경험이 없어 잘은 모르겠지만 그 예방대책은 마찬가지라고 생각된다. 그리고 자살하는 당사자도 혼자만 깊게 고민할 게 아니라 옆 사람들과 대화를 나누면서 또 다른 새로운 길을 모색하는 사회적 행동이 필요하다. 나도 고등학교를 졸업하고 대학진학을 준비하는 과정에서 뜻한 대로 결과가 나오지 않아 죽고 싶다는 생각을 한 적이 있다. 그 기억이 지금도 또렷하게 남아있는 것은 그 당시 나의 목표와 동떨어진 현실을 감당하지도 못하고 또한 인정하지도 않으려는 학창시절의 뜨거운 자존심 때문에 그랬던 것 같다.

인명은 재천이라고 했듯이 사람의 목숨은 아무리 내 것이라고 해도 내 맘대로 처분해서는 안 된다. 지금 실패했다고 생각되면 죽을 각오로 다시 처음부터, 밑바닥부터 출발하면 된다. 1997년 12월 IMF사태가 우리나라를 급습하고 난 뒤 많은 사람들이 거리로 나앉고 말았다. 이때 소위 홈리스족이라는 사람들이 서울역 지하철과 대합실 그리고 종각역, 회현역 등등 많은 지하에서 라면박스를 바닥에 깔고 시도 때도 없이 소주를 마시고 잠들며 인생을 방황하는 생활을 하고 있었다. 나는 그 당시 늦은 밤에 과천에서 지하철 4호선을 타고 집사람과 중학교에 다니는 아이들을 모두 데리고 의도적으로 서울역으로 간 적이 있다. 경제 위기로 발생한 사회현상의 일면을 가족들에게 직접 보여주고 스스로 느끼도록 할 목적이었다.

그리고 나서 몇 년 후에는 집사람과 함께 지하철역을 돌며 입을 옷과 양말, 운동화, 따뜻한 물과 빵을 나누어 주는 봉사활동 대열에 동참했는데 그 사람들은 줄어들지 않았다. TV를 통해 재활에 성공한 사람, 남에게 주민등록증을 뺏겨 구매사기에 이용당한 사람, 자살한 사람들을 보게 되었다. 그러나 제일 가슴 아팠던 건 뿔뿔이 흩어진 가족을 그리며 돈을 모으면 꼭 찾아보겠다는 어느 실직자 가장의 인터뷰 장면이었다. 왜냐하면 나도 그 사람과 같은 가장이기에 그 마음을 십이분 헤아릴 수 있었다. 그래도 이런 사람들은 자기 목숨을 함부로 하지는 않았기에 그런 희망을 갖고 살아간다고 생각할 수 있었다.

이번에 자살한 탤런트 안모 씨 역시 많은 돈을 벌려는 욕심 때문에 과분한 사업을 벌이다가 무리한 사채동원으로 비극의 종말을 맞이하게 된 것 같았다. 사업을 하더라도 실패라고 판단되는 즉시 과감한 철수를 할 줄 알아야 진짜 사업가이며 다시 소생할 기회를 가질 수 있는 것인데 그렇게 안 되는 게 사람의 마음인가 보다.

이제 내 나이에도 규모와 형태는 다르지만 이런 유사한 사건이 언제든지 일어날 수 있다. 나 자신의 처해진 현실을 직시하고 더 소유하려는 욕심을 갖기보다는 연착륙하려는 마음자세로 살아가는 것이 올바른 노후인생이 아닐까 싶다.

하나야!

우리 국민은 성격이 급하기로 소문이 나 있다. 물론 "빨리빨리" 문화 때문에 단기간에 눈부신 경제 발전을 이룰 수 있었고 세계적인 IT강국이 되었다. 그러나 성수대교 붕괴사건이나 대구 지하철 공사현장 함몰사건 같은 후진국성 사고도 항상 뒤따랐다. 우리는 모든 걸 빨리 해야 된다는 의식을 태어나서부터 자연적으로 몸에 익혀 왔다. 또한, 남보다 한발 앞서야 살아남는다고 주변 환경이 우리를 가르쳤다.

모처럼 가족 외출을 할 때에도 남편은 부인에게 "화장 그만하고 빨리 가자!"라고 다그치는 게 우리네 사는 모습이다. 진급도 빨리빨리 시켜줘야 그 회사를 떠나지 않는다. 신문도 빨리빨리 봐야 한다. 화장실 용무도 빨리 봐야 한다. 우리가 살고 있는 주변 모두가 조급성을 요구한다. 그래서 라면과 자장면 가게는 속도가 빨라야 손님이 많고 매상도 늘어난다. 느긋하게 일을 처리하면 실력이 없다고 평가받거나 게으르다고 본다.

복부비만으로 체중이 늘어 의사로부터 여러 차례 경고를 받고 난 후부터 신문지상의 건강 칼럼을 관심 있게 보게 되는데 식생활 습관 중 "천천히, 꼭꼭 씹어 먹고, 늦은 시간에 저녁식사는 금물"이라는 기사를 통해 비만이라는 질환도 조급성에서 나온 것으로 이해할 수 있었다.

성격이 워낙 급해서 상대방의 말을 끝까지 참을성 있게 듣지 못하고 중간에 끊고 들어간다. 자판기에서 커피를 뽑을 때에도 기다리지 못하고 컵을 억지로 빼내려 한다. 남에게 시킨 일은 약속한 기일까지 기다리지 못하고 중간에 어떻게 되어 가냐고 물어봐야 직성이 풀린다. 물건을 살 때도 느긋하게 값을 흥정하지 못하고 단 한번에 OK를 받아내야 구매하고 그렇지 않으면 획 돌아선다. 아파트도 20년이 되기 전에 재건축을 해야 다른 동네보다 유리하고 돈을 많이 벌 수 있다고 생각하기에 멀쩡한 집을 마구 부순다. 자식도 빨리 빨리 키우고 싶고 학교 성적도 단숨에 올라가야 가르치는 선생의 실력을 인정한다. 돈도 남보다 빨리 벌고 싶어 위험한 투자를 감행하고는 곧바로 후회한다. 그래서 하이리스크(고위험), 하이리턴(고수익) 투자를 좇는다.

한국인의 부지런함은 알아준다. 여러 나라를 다니다 보면 우리만큼 부지런한 민족은 찾아보기가 쉽지 않다. 이런 장점에 일상의 느긋함을 더하면 몇 천 년 동안 쉽게 붕괴되지 않는 유럽의 건축물처럼 오래오래 남아서 후손들에게 수출효자라는 관광유산을 남길 수 있는데 말이다.

하나아! 두우울! 세에엣! 네에엣! 다아섯! 여어섯! 이일곱! 여어덜! 아아홉! 여어얼…!

이렇게 세면서 살아보자. 조급함이 없어진다. 참을성이 생긴다. 남들에게 가볍게 보이지 않는다. 경청하는 자세로 존경받는다. 실수를 줄일 수 있다. 차분하고 여유롭게 보여진다.

요즘 "슬로우푸드"를 선호하는 이유도 여기에 있다. 물론 모든 걸 느리게 하면서 살 수는 없다. 아주 긴급한 행동을 요하는 경우만 제외하고는 일상생활 중에는 "하나아! 두우울!" 하는 습관을 들이면 마음이 편안해진다. 정체된 고속도로에서 나 혼자만 급해봤자 빨리 갈 수 없듯이 인생의 흐름은 한강물과 같아서 일정 시간이 지나야 무리들과 함께 서해바다에 도달하는 것이다. 조급하게 살아도 무덤으로 가는 시간은 마찬가지다.

"하나아!" 하면서 느긋하게 마음을 다스려 보자. 평생을 자장면을 먹고 살 것인가, 아니면 고급레스토랑에서 천천히 음식을 기다리며 격조 높게 살 것인가? 그리고 담배 한 개비를 피우더라도 도둑놈처럼 불안초조해서 연신 빨아대는 모습보다는 해변가 별장의 비치파라솔 아래 누워 여유작작 시거를 물고 있는 모습으로, 술 한 잔을 마시더라도 화가 치밀어 연신 목구멍에 털어 넣는 모습이 아닌 코와 눈으로 향기와 색깔을 음미하며 초연하게 와인을 마시는 분위기처럼 좀 우아한 모습으로 살려고 노력하는 게 더 멋지지 않을까 생각한다.

하심(下心)

세계적으로 성공한 사람들은 5가지의 공통점을 갖고 있다고 한다. 일에 미쳐있고 메모하는 습관이 있으며 매사에 긍정적이며 유머감각을 갖고 있다. 마지막으로 자기 마음을 낮추어 남의 충고와 지적을 두려워하지 않고 듣고 느낀다고 한다. 우리가 절을 할 때도 머리를 낮추는 것은 자신의 마음을 낮추는 것이라고 한다. 내 마음을 낮추는 "하심(下心)"은 상대방을 존경하는 자세로써 궁극적으로 자기 자신이 편해지는 현명한 방법이다.

부부지간에도 내가 "하심"의 자세로 행동하게 되면 조그마한 일에도 서로 갈등을 피할 수 있고, 친구 사이에도 내가 먼저 마음을 낮추어 양보하거나 이해하게 되면 끈끈한 우정을 이어갈 수 있으며, 조직이나 모임에서도 상대방이 낮은 직급이거나 나이가 적어도 내가 먼저 마음을 비우고 자세를 낮추게 되면 주변으로부터 존경과 인기를 얻을 수 있다.

이처럼 "하심"이란 덕목은 나 자신은 물론이요 주변 사람들과의 관계 강화에 아주 큰 도움이 된다. 그러나 대부분의 사람들은 자존심과 승부욕, 소유욕, 명예욕, 잘난 척하고 싶은 마음 등등 자기 마음을 낮추기는커녕 고개를 처들어 자신을 돋보이게 하고 싶어 한다. 그저 욕심을 좀 버리고 남한테 지는 걸 미덕으로 생각하고 공(功)이 있으면 남한테 돌리고 명예로운 감투가 있어도 사양할 줄 알며 내가 조금 손해를 보더라도 아깝게 생각하지 않고 즐겁게 느끼며 산다면 얼마나 행복할까.

그놈의 욕심들 때문에 전쟁이 발발하고, 살인을 하게 되며, 남의 종교는 인정하지도 않고, 사기를 치고, 남을 헐뜯고 모함하게 되고, 부모님 재산 놓고 혈육끼리 원수지간 되어 다시는 안 보게 되며, 권력을 쥐려고 상대방의 약점만 들추어 네거티브 공략을 일삼다가 오히려 재기불능이 되는 사건 등을 우리는 수없이 보아왔다.

기업을 경영하는 사람들을 지금까지 오랫동안 보아왔지만 실패한 사람들은 저마다 공통점이 있다. 그건 다름 아닌 마음을 절제하거나 낮추지 못하고 과욕을 부리다가 망했다는 것이다. 자동차 운전도 "하심" 하면 사고가 날 확률은 현격하게 줄어들며 사고가 나더라도 가벼운 상황이지만 "하심" 하지 못하고 욕심내어 과속하게 되면 사고확률은 훨씬 늘어나며 사고발생시 끔찍한 결과를 낳게 된다.

사람의 신체도 마찬가지다. 술을 마실 때 적정선에서 조절하면 큰 탈이 없지만 폭주나 매일 마시는 술은 간을 손상시켜 심각한 상태를 맞이하게 되는 것이다. 재물을 많이 가진 사람도 주위를 뒤돌아보면서 "하심"의 뜻으로 이웃의 어려운 사람들을 도우면 자기 자신은 비례해서 행복해지는 것이다.

진정한 부자는 돈을 어떻게 버느냐보다 어떻게 쓰느냐에 따라 판가름 난다. 음식을 먹더라도 혼자보다는 더불어 먹을 때 더 맛있다. 그래서 우리네 부모님 세대는 떡을 해도 큰 시루에 해서 동네 여러 이웃들에게 나누어 주며 더불어 살았던 것이다. 어렸을 때 우리 부모님이 접시에 떡을 담아주시면서 "이건 어느 집에 갖다 주어라" 하시던 시절은 수평적으로 마음을 나누었지만 요즘 시대는 오로지 수직적으로, 다시 말해서 자기직계 식구밖에는 모르고 살아간다. 결혼해서 독립한 후에는 종전의 수평적 형제지간보다는 수직적 부모자식 사이에만 마음을 두고 살기 시작한다. 이렇듯 점점 좁히며 살아가는 게 요즘 시대의 실상이다.

절이나 교회 어느 종교에서나 신도들은 자기 나름대로 일정액을 헌금한다. 이 돈도 넓게 보면 자기 마음을 낮추러 가서 여러 이웃이 더불어 살기 위해 쓰여질 돈이 된다. 많은 사람들이 지위가 높아지거나 수입이 늘어나게 되면 주변 사람의 충고와 지적을 기분 나쁘게 생각하며 잘 받아들이지 않는다. 한마디로 눈에 뵈는 것도 없고 귀에 들리는 것도 없다는 얘기다.

지금의 모습을 혼자만의 노력과 땀으로 이루어낸 결과라고 생각하다 보니 현재 상태로 자기보다 낮은 쪽은 쳐다보지도 않고 오로지 높은 곳을 향하여 태양만 바라보는 해바라기가 되어간다. 그야말로 이런 사람들은 "하심(下心)"은 없고 "상심(上心)"만 존재한다고 믿으며 살아간다.

깊은 산속의 조그마한 옹달샘이 낮은 곳을 향하여 계곡을 지나고 강에 이르고 바다로 흘러가는 것처럼 사람도 낮은 곳으로 마음을 향하며 살아갈 줄 알아야 성숙한 것이다. 나는 지금도 큰누이께서 들려주신 "하심"의 뜻을 잊지 않고 명심해서 살려고 노력하고 있지만 아직도 나는 인사(人事) 즉 "사람이 할 일"을 다 못하고 사는 것 같아 늘 아쉬움이 많다. 아마도 대부분이 "하심"을 추구하다가 못다 이루고 떠나가는 모양이다.

행복의 모습은 오직 마음속에 있다

행복의 모습은 실제로 가진 것에 있지 않다. 소위 강남의 50평형 아파트를 가진 사람은 모두 행복해 할까. 아닌 사람이 더 많다고 생각된다. 왜냐하면 60평, 70평짜리 아파트에 사는 사람과 비교하여 자기는 행복하지 못하다고 상대적으로 불평하는 사람이 많을 것이기 때문이다.

지방 중소도시에서 25평형 아파트에 사는 사람은 모두 행복하지 않다고 느낄까? 많은 사람들이 행복하다고 느끼며 살고 있을 것이다. 왜냐하면 월세에서 전세, 전세에서 17평 아파트로, 17평에서 꿈에 그리던 25평을 갖게 되었으니 얼마나 기쁠까.

행복은 실제로 가진 것에 있는 게 아니라 오직 마음 안에 존재하기 때문이다. 낙천적인 사람은 상대적으로 불평불만이 적다고 한다. 모든 걸 긍정적으로 보는 성격이기 때문에 남이야 강남에 있는 50평 아파트에 살든 말든 자기는 지금의 삶에 만족하기에 늘 즐겁게 살아간다.

가장 흔한 얘기로 컵에 우유가 반잔 담겨 있는 걸 보고 어떤 사람은 "이제 반밖에 없잖아!" 하며 조금밖에 없다고 불행하게 생각하지만 또 다른 사람은 "아직도 반잔이나 남았네!" 하며 이것도 많다고 감사하게 생각한다는 것이다.

보지도 듣지도 말하지도 못했던 헬렌 켈러는 "늘 행복했었다"라고 말했지만 이 세 가지 모두를 할 수 있는 우리 중에 많은 사람들은 현실에 불만을 갖고 자기 자신이 행복하지 않다고 생각하며 살고 있다. 그러니 갖고 있다는 자체가 행복한 것이 아니라 내 마음속으로 지금의 현실을 늘 기쁘고 감사하게 생각하는 것이 행복한 것이다.

내 주변에는 가진 자가 더 많이 소유하려는 욕심을 버리지 못하여 속을 앓고 끌탕을 하며 법을 어겨가며 탈세를 통해서라도 더 가지려고 하는 사람들이 많이 눈에 띈다. 이런 사람들을 살펴보면 자기밖에 모르는 안하무인격으로 어디 가서나 자기만을 최고로 알아주기를 바라며 자기보다 못 가진 사람들은 무시해 버리며, 자기가 가진 것에 비례해서 주위 사람들이나 지역사회에 베풀 줄 모른 채 살아간다. 오로지 자기 자식들이 남보다 꿀리지 않게 보이기 위해 돈을 쓸 뿐이다. 그리고는 자식의 인생까지도 자기의 삶으로 착각하며 욕심을 부린다.

그러나 종교지도자들을 보라. 그분들은 가진 것은 없지만 얼굴을 보면 늘 평온하고 웃음을 가득 품고 산다. 왜 그럴까. 남들을 배려할 줄 알고 사랑을 베풀며 없는 사람에게 조그마한 도움을 주려고 늘 노력하기 때문이다. 그러면서 본인이 이 세상에서 가장 행복한 일을 하고 있다고 믿기 때문이리라.

여기에서도 우리가 느끼는 점은 많은 재산을 가졌다고 행복한 것이 아니라 내 마음이 어떻게 나를 생각하고 있고 어떻게 진정한 삶을 영위하려고 노력하는지에 따라 행복의 크기가 스스로 결정된다는 것이다. 마음을 비우면 같은 현상이라도 더 행복하게 느낄 수 있지만 비우지 못하고 욕심만 계속 갖는다면 행복이라는 산소의 양이 줄어들어 결국은 숨을 허덕거리며 살아가는 것이다. 자기 마음을 비우는 만큼에 비례하여 행복도 커진다는 것을 우리는 익히 배우고 알고 있지만 그 실천이 뒤따르지 못하고 있을 뿐이다.

죽을 때까지 이 실천을 못하면 결국 한 번도 행복을 만끽하지 못하고 욕심만 갖고 살다 간다는 얘기가 되는 것이다. 사실은 나도 계속 노력하고 있지만 어려운 철학이라고 느끼고 있다.

화분

내가 중 · 고등학교에 다니던 1966년도부터 70년대 초까지만 해도 각 가정이나 사무실에서 화분을 발견하기는 쉽지 않았다. 부잣집이나 금융기관 같은 고급 사무실에서나 볼 수 있는 귀한 물건 중 하나였다. 나라살림이 나아지면서 80년대 들어 화분을 비치하는 게 대중화되기 시작했던 것 같다. 요즘의 결혼식장이나 장례식장에서는 너무 많은 화환이 즐비하게 널려 있어 자기과시와 낭비라는 느낌이 든다. 나의 부모님은 이십여 년 전에 모두 떠나셨고 처갓집에는 장모님 혼자 남아계시며 여기에 자식들 결혼시킬 일만 남았기에 청첩장이나 부고장을 보낼 때 아예 "화환은 사양합니다"라고 못 박고 싶은 심정이다. 보내는 사람이나 받는 사람 모두 부담이 되기는 마찬가지란 생각에서 그렇다. 그러나 집이나 사무실에 놓는 화분은 그 역할이 많다.

첫째는 메마른 정서를 우아하고 따뜻하게 감싸주며 둘째로는 빈 공간을 메워 균형 잡힌 배치 효과를 낼 수 있다. 그리고 생물체인 꽃을 관리하면서 자연의 함축미를 일상생활 중 곁에 놓고 느낄 수 있다는 점이다. 사람이나 동식물이나 애정과 관심을 가질 때 본연의 아름다움을 만끽할 수 있는 것 같다. 우리가 흔하게 접촉하는 난초도 사람 손이 얼마만큼 가느냐에 따라 꽃도 피고 향기도 내뿜으며 건강하게 자란다. 화원에서 구입할 때 통상적으로 서양란은 꽃이 핀 채로 배달되어 받는 시점부터 약 두 달 정도 아름다움을 뽐낸다. 그러나 동양란은 나같이 무지한 사람의 눈에는 그냥 몇 포기의 풀을 뽑아 화분에 담아놓은 것처럼 보인다. 사실은 관리만 잘하면 오래오래 곁에 두고 보면서 꽃도 피고 은은한 향기도 제공하지만 이 동양란을 키우는 데는 일정한 간격으로 똑같은 양의 물을 주어야만 하는 게 기본이고 가끔씩 통풍도 해줘야 건강하게 자라며 주기적인 분갈이도 필요로 한다. 어느 사무실을 방문했을 때 깔끔하게 정돈된 화분을 보게 되면 그 회사와 사람을 다시 평가하게 되는데 하나를 보면 열을 안다고 난초를 키우는 정성을 보고 회사의 품격과 그 사람의 품성을 미루어 짐작할 수 있기 때문이다.

가끔 우리 딸이 퇴근하면서 한 다발의 꽃을 사가지고 들어와 식탁 위에 올려놓으면 집안 분위기가 확 달라진다. 그리고 그 효과는 며칠동안 이어진다. 이 꽃은 그리 오래 가지는 못하지만 꽃병에서 제거된 후에도 잘 말린 후 좋은 위치의 벽에 거꾸로 걸어 놓으면 더 오랫동안 또 다른 장식품으로 활용할 수 있게 된다.

아주 오래전에 직장생활 할 때 회의실을 새로 단장하면서 있었던 일이 기억난다. 스타디움에 가보면 가운데는 잔디 축구장이고 그 주변은 빨간 육상트랙으로 구성되어 있는데 한 바퀴가 400미터 경주를 할 수 있도록 되어 있다. 이 육상트랙의 형태는 영어 알파벳 "U"를 위아래로 붙여 쓴 모습인데 회의탁자 배치는 바로 이 형태와 비슷했던 것이다. 그렇게 하다 보니 가운데에 공간이 자연적으로 생기게 되었다. 이 상태로 회의를 하다 보면 삭막하고 좀 덜 꾸며진 느낌을 받게 되는데 이 가운데 장소에 적당한 높이의 화분을 배열하고 나서 보니 정말 부드러운 분위기에 세련된 배치효과가 나타났다. 이처럼 그 비싼 가구에 균형적인 마무리에는 꽃이 동원된 것이다. 우리 대부분은 집이나 사무실 또는 회의실에 해당되는 큰 틀만 보며 앞으로만 나아간다. 그러나 이 작은 화분의 역할처럼 자기보다 몇 천 배나 되는 규모의 자산을 마무리하는 데는 뒤돌아보지 않게 된다. 다시 말해서 진정한 의미의 삶의 질인 우아함, 아름다움, 정서적 여유로움을 잊고 살아간다는 얘기다.

혼자만의 생각

연일 폭염에 찌든 8월 초 어느 날 오후에 한 통의 전화가 걸려왔다. 나에게 전화를 건 상대방은 "안녕하세요. 잘 지내시죠?" 하면서 9월 중순에 개최될 행사계획에 대해서 참가할 수 있는지 여부를 물어왔다. 나는 상대가 워낙 나를 잘 알고 있는 것처럼 통화를 하는 바람에 "누구시죠?"라는 질문도 못한 채 계속 대화를 나눌 수밖에 없었다. 통화가 끝나고 나서 나는 그 사람이 누구인지에 대해서 한참동안 궁금했다. 대화 내용으로 대충은 어느 조직에 있는 사람이라는 건 알 수 있었으나 전화를 걸어 온 그 사람의 직책이나 성명은 얼른 떠오르지 않았다. 급기야는 두 군데에 수소문을 하고 난 후 상대방이 누구인지를 알게 되었다. 하지만 통화 중에는 안타까움이 많았다. 나는 상대방을 익히 기억하고 있는 것처럼 얘기를 계속해야 했고 한편으로는 "이 사람이 누구더라?" 하는 궁금증과 순간적으로 전화가 끝나기 전에 빨리 신상파악을 해야 된다는 조바심이 내 머릿속을 가득 메우고 있었다. 참 어처구니없고 황당한 사건으로 오랫동안 기억에 남아 있다.

가구공장을 하고 있는 박사장은 나와 동년배이자 바둑모임의 오래된 멤버인데 이 친구는 아직까지 문자메시지를 주고받을 줄 모르는 사람으로 나보다 더 구식이었다. 항상 손님을 만나러 다니는 사업가라서 전화를 직접 하기가 부담이 되어 오후 4시쯤 문자를 보냈더니 한참을 기다려도 답신이 없어서 기다리다 지쳐 전화를 걸었다.

"왜 이렇게 교양이 없어. 문자를 보냈으면 답신을 줘야지!"하면서 질책을 했더니 그 친구 왈 "나는 그런 거 몰라. 직접 통화만 하는 사람이야!"라고 하는 바람에 나는 깜짝 놀랐다.

"정말이야?" 하고 재차 확인했더니 농담이 아니었다. 그때 내가 느낀 것은 사람이 자기 기준만 가지고 행동해서는 안 되겠다는 생각이었다. 상대방도 당연히 알겠지라고 생각했다가 내가 기대했던 반응이 안 나오면 오해와 불신을 만들 소지도 얼마든지 있겠다는 경험을 얻었다.

사회 진출 2년차인 우리 딸과 대화를 나누다 보면 30년의 세대차이가 있어서 그런지 내가 생각하는 것과 전혀 다른 사회생활을 하고 있다는 걸 느꼈다. 물론 성장환경과 근무환경도 다르고 나라의 경제상황도 크게 다르지만 조직 구성원의 일원으로서 직장에 대한 의식과 태도는 같을 거라고 추측했었는데 그건 나만의 생각이었다. 요즘 같은 핸드폰 시절에는 하루에도 수많은 문자메시지를 받게 된다. 그런데 보낸 사람은 자기의 전화번호를 상대방이 알고 있을 거라고 단정 짓고 발신자의 이름을 생략한 채 문자를 보내온다. 그러나 받는 사람 입장으로서는 발신자의 전화번호가 입력이 되어 있지 않아 누가 보낸 건지 알 수가 없게 된다. 백방으로 발신자의 전화번호가 누구 것인지 알려고 노력해 보지만 허탕 치기 십상이다. 옛날처럼 전화번호를 외우고 다닐 능력도 없고 그 많은 명함을 일일이 찾아보기도 쉽지 않아 답신을 포기하고 "지가 필요하면 전화라도 다시 걸겠지" 하는 식으로 그냥 지나쳐 버리게 된다.

바둑을 둘 때도 나는 알지만 상대방은 자기 자신의 약점을 못 봤겠지 하면서 꼭 놓아야 될 자리에서 손을 빼어 다른 곳에 두고 나면 상대방도 모른 척하고 있다가 급한 불을 끈 직후 그 곳을 보완하게 되어 낭패를 보는 경우가 있다. 결국은 내가 역으로 당한 것이다. 이처럼 일방적으로 추측했다가 자기 함정에 빠지는 게 만물의 영장이라는 우리네의 삶인가 보다.

주변에 사업을 하는 사람들을 보면 혼자만의 생각으로 자기 모순에 빠지는 경우를 많이 볼 수 있다. 대부분의 중소기업 CEO는 어떠한 중요한 사안에 대해서 자기만의 판단으로 의사 결정을 하는 경우가 많다. 그러면서 늘 외롭다고 느낀다. 그러나 고민되거나 괴로운 문제도 가까운 사람들과의 술좌석 등에서 그 해결방법을 쉽게 찾을 수도 있다. 그런데 오픈마인드가 없어 자기의 속내를 남한테 드러내 보이지 않고 혼자 고민하고 혼자 결정한 후 그로 인해 잘못된 결과가 나오게 되면 후회를 하게 된다. 세계 제일의 골프선수인 타이거우즈도 더 배우려고 코치를 두는 게 아니라 자기 스윙이 잘못되어 가는 것을 지적해 줄 사람이 필요해서 항상 코치를 쓴다고 한다.

혼자만의 생각, 나 홀로의 행동, 일방적 추측으로 세상을 살아간다면 자기 함정이란 강물에서 칠흑 같은 밤에 혼자서 수영하는 것과 다를 바 없다. 바둑도 둘이 어울릴 때 게임을 즐길 수 있으며 등산도 둘이 할 때 여러 가지 대화를 나누며 힘들지 않게 올라갈 수 있다. 식사도 혼자서 할 때보다 둘이 할 때 음식이 더 맛있게 느껴지며 고민거리도 다른 사람과 얘기하다 보면 의외로 쉽게 풀릴 수 있고 사랑도 일방적인 것보다는 쌍방 모두가 서로 좋아할 때 더 아름답고 재미있는 것 아닌가 싶다. 고층 빌딩도 기둥 하나로 지을 수는 없지 않은가.

휴대폰 없는 하루

이삼 년 전부터 치매증이 오는 건지 깜빡깜빡하는 일이 많아졌다. 어떤 때는 아침에 양치질을 한다고 칫솔을 든다는 것이 면도기를 들고 입 안에 넣기 직전에 깜짝 놀란 적도 몇 번 있었다. 한 번은 일주일 전에 약속했던 미팅스케줄을 완벽하게 잊고 지나간 적도 있는데 나중에 그 사실을 알게 되어 백배사죄하였다. 내 또래의 주변 사람들에게 물어보니 정도의 차이는 있지만 건망증은 조금씩 다 있다고 해서 내가 심각한 상태는 아니라는 걸 알고 안심하였다. 사실 나는 여태까지 살아오면서 약속만큼은 그 누구보다 철저하게 지켜왔다고 생각한다. 그래서 나를 아는 사람들로부터 "그 친구는 틀림없는 사람이야"라는 평가를 받고 살아왔다. 그러나 나이 탓인지 요즘 들어 자꾸 잊어버리는 게 두려워 약속을 한다든지 기한부로 해야 될 일이 생기면 달력에도 기록하고 휴대폰에도 메모리를 하게 된다. 오늘도 헬스를 끝내고 샤워를 하기 전에 옷장에 안경을 넣으면서 부재중 전화나 메시지가 들어왔나 확인하려고 핸드폰을 찾으니 주머니 속이 텅 비어 있었다.

'이 시간쯤 전화가 올 곳이 있는데 못 받아서 어떡하지…' 하고 걱정만 하며 샤워장으로 들어갔다. 낮 시간이라 샤워시설이 아홉 개쯤 달려 있는 이곳에 나 혼자서 물을 내리받으며 잠시 생각에 잠기었다. 방금 전에 걱정했던 핸드폰을 휴대하지 않고 온 것을 긍정적으로 전환해서 '아예 하루 동안 휴대폰 없는 날을 정해서 일부러 갖고 다니지 않으면 문명의 구속으로부터 해방되어 자유인이 될 수 있겠다'라는 생각이 들었다. 그러면서 해외여행을 갔을 때 국내의 모든 지인들로부터 여행기간 동안만큼은 전화를 받지 않아도 되어 진정으로 자유를 만끽했던 추억이 떠올랐다. 요즘에야 로밍해서 가는 사람이 많아 해외에 나가서도 국내처럼 편리하게 통화하는 시대가 되었으니 나 같은 생각을 하는 사람은 문화재급이라고나 해야 될지도 모르겠다. 특히 젊은 부부들 중에는 집 전화는 설치하지 않고 핸드폰으로 모든 걸 해결하는 사람들이 부쩍 늘었다는 신문기사도 나올 판이니 세상은 엄청 바뀌었다. 그러나 주변으로부터 구속이나 제한을 받지 않으려고 하는 것도 의미가 있다고 생각한다.

우리 모두 일주일 또는 한 달에 한 번쯤은 "휴대폰 없는 하루"를 정해서 살아보자. 새로운 맛을 느낄 수 있을 것이다.

황사

일요일 아침이다. 매주 빠짐없이 가는 집 뒤에 있는 청계산에 집사람이 먼저 가지 말자고 한다. 여느 때 같으면 전날 밤 내가 술에 취해 귀가하면 미워서라도 혼자 슬쩍 이른 아침에 집을 나가 산에 갔다 왔을 사람이 말이다. TV 자막에서는 황사 경보를 발령하며 금년 중 가장 심한 날이라고 했기 때문이다. 온통 하늘이 진흙가루 색깔로 뿌옇게 되어서 시야가 짧아졌을 정도이니 알만하다. 식구 4명이 모두 모여 아점을 먹기로 약속했기에 강남에서 어학 시험을 치르느라 아침 일찍 집을 나섰던 딸아이와 사당역에서 합류해서 몇 번 갔었던 식당으로 향했다. 늦게 승차한 딸이 숨이 막힐 정도로 황사가 심하단다. 어느 방송에서 황사 전문가가 "황사가 꼭 나쁜 면만 있는 게 아니고 비옥한 땅을 만들어 주기도 한다"고 얘기했던 생각도 났지만 자동차 앞 창을 통해 보이는 하늘은 답답하게만 보였다. 나는 날씨를 평가하는 방법으로 문을 열자마자 보이는 관악산의 공중 상태를 첫 번째로 보게 되는데 진짜 오늘 아침 같이 산 전경이 가려질 정도의 상태는 보지 못했기 때문이다.

우리가 살아가면서도 앞이 안 보일 정도로 뿌연 경우가 있기 마련이다. 5년 전에 나는 심한 스트레스로 회사의 앞날이 심히 걱정되어 몇 날 며칠을 제대로 잠도 못 이루고는 결국 대학병원에 5일이나 입원한 적이 있다. 정신적 스트레스는 신체적으로 연동되기 마련이다.

전날 바둑 모임에 같이했던 친구가 요즈음 마음의 황사 때문에 머리가 보통 아픈 모양이 아닌 것 같아 그 친구에게 이런 얘기를 들려주었다. 아무리 고민하더라도 신체적으로 쓰러져 버리면 어떤 대책도 안 되는 것이니 주변 사람들과 고통을 분담하는 마인드 컨트롤을 꼭 해야 한다고….

그렇다. 오늘의 황사도 1년 365일 계속된다면 우리는 이 땅을 떠나야 하겠지만 조만간 끝이 난다는 걸 잘 알기에 참으며 기다리는 것이다. 세상에 죽으란 법은 없듯이 내가 처한 어려운 상황도 가족은 물론 여러 주변 사람들과 얘기를 풀어내다 보면 반드시 길은 있을 것이다. 황사와 마찬가지로 우리가 살면서 가끔 찾아오는 고민도 분명 좋은 경험과 자산이 될 것이라고 믿는다.

우리 친구 중에 한 명이 작년에 그 고통스런 나날을 보내면서 마음을 열고 나에게 의견을 구했을 때도 길을 찾을 수 있었듯이 말이다. 나쁜 환경이 일시적으로 우리를 덮치더라도 잠시 생각을 달리하며 때를 기다린다면 역전의 찬스는 올 것이다. 그래서 우리는 좋은 날을 기대해 보며 참고 이기려고 노력하는 게 아닐까 싶다. 그 과정 자체가 인생이기 때문이라고 나는 굳게 믿는다.

친구들이여! 어려운 사람들이여! 어두운 밤이 지나면 아침은 반드시 찾아온다는 걸 믿읍시다. 어제의 태양은 어제의 것이었고 오늘도 새로운 태양은 떠오르지 않는가!

FM 39.9MHz

절친한 사람과 통화를 하면서 "FM 39.9 MHz '행복을 주는 사람'에 이기수입니다!"라고 인사했더니 상대방이 껄껄거리며 재미있다고 웃는다. 순간적으로 생각이 떠올라 언제나 밝고 명랑하게 살고 싶다는 나의 욕망을 그대로 표현했던 것이다. 여기서 FM이란 방송국에서 쓰는 주파수가 아니라 "Fighting Man"이란 단어의 줄임으로 "언제나 젊음에 도전하는 남자"란 뜻으로 내가 스스로 지어낸 말이다. 또한 39.9란 불혹의 나이 40세가 되기 이전의 30대의 마지막으로서 영원히 40살이 되기를 미루고 싶다는 소망이다. 그리고 "행복을 주는 사람"이란 나와 전화를 통화하거나 등산을 하거나 골프를 치거나 술자리를 함께하거나 언제 어디서나 나와 같이하는 사람에게는 늘 행복을 주겠다는 뜻으로 만든 말이다.

오십 중반을 달려가고 있는 지금도 나는 이런 소망을 갖고 늘 푸르게 살아가고 싶다는 게 평소의 지론이기도 하다. 나는 나 자신도 늘 즐겁게 살아야 된다고 최면을 걸지만 나와 함께 해주는 주변 사람들도 나처럼 늘 즐겁게 살기를 바라는 마음으로 나는 그들에게 "이기수"만 만나면 신나고 재미있고 행복하다는 평가를 받고 살고 싶은 것이다.

과일도 싱싱한 것은 인기가 좋고 가격도 높지만 시들시들한 건 사람들로부터 외면당하기 십상이다.

어제 일요일 이른 아침에 집사람과 산에 올라 반환점을 찍고 다시 집 쪽으로 돌아오는데 산 중턱 3거리의 조그마한 바위 위에 늘 뵙던 왜소한 체구의 백발이 성성한 단발머리의 할머니께서 지팡이를 짚고 앉아계셨다.

"안녕하세요!" 하며 인사를 드렸더니 할머니는 아주 작은 목소리로 "예!"라고 답하셨다. 그곳을 지나 내려오면서 집사람 왈 "이젠 나이든 사람은 싫어" 하면서 우리 아파트 같은 통로에 사시는 할머니 한 분도 자기만 만나면 붙들고 장황하게 얘기를 털어놓으셔서 어떤 때는 바쁜데 얘기를 들어주느라고 곤혹을 치르기도 했단다.

우리 자신도 나이가 들면 그 할머니들처럼 변해가겠지만 첫째는 싱싱함을 유지하면서 나이가 들어야 되고 두 번째로는 젊은 사람 만나면 길게 얘기하지 말아야 한다는 생각을 다시 한 번 갖게 된다. 그래서 늙어도 "야! 저 노인네 멋있네"라는 소리를 들을 수 있도록 평소에 이것저것 두루두루 관리해야 한다는 얘기다.

나는 자동차에서 흘러나오는 FM 음악방송처럼 언제나 좋아하는 음악을 내가 듣고 싶을 때 제공하는 FM 39.9MHz가 되고 싶다. 나를 찾는다는 것은 FM 음악방송을 켜는 것과 미찬가지 심정으로 상대방이 늘 기대하는 사람이고 싶다. 내가 살아오면서 터득한 것은 상대방에게 행복을 건네주면 최소한 나에게는 "행"자를 빼더라도 "복"은 돌아온다고 굳게 믿고 있다는 점이다. 그리고 남에게 행복을 주는 것도 의식적으로 부단한 노력을 반복하다 보면 자기 몸에 배게 된다고 생각한다.

산에서 만난 그 할머니도 젊은 시절부터 지금의 나 같은 생각으로 살아오셨더라면 언제나 외롭게 혼자 산에 다니시지는 않았을 것이다. 그나마 건강을 유지하시려고 늘 산에 다니시는 걸 보면 본인은 물론 가족들에게 폐는 끼치지 않으려고 노력하는 걸로 생각된다. 우리 집 같은 통로에 사신다는 할머니는 칠십 안팎의 연세에도 얼굴의 검버섯을 없애려고 피부과에서 박피시술을 받았다고 자랑하신 적이 있다. 조금이라도 건강하고 이쁘게 보이려고 다들 노력하신다는 점을 높게 평가하며 배우게 된다. 사실은 신체적으로 건강해야 밝은 웃음도 선사할 수 있고 남 앞에 설 수 있다. 또한 정신적으로 스트레스나 고민거리가 없어야 신체도 건강할 수 있단다. 그러니 남을 웃기고 즐겁게 할 수 있다면 정신적 신체적 건강 문제도 다 해결되는 셈이다. 재미나게 살려고 하면 항상 바쁘게 움직이면서 여러 계층의 사람들을 자주 만나야 가능하다. 여기에는 시간적 경제적 투자가 뒤따를 때 그리고 늘 긍정적인 시각으로 세상을 맞이하는 자세가 필요하다.

3류 사회

지구상에 많은 나라가 존재하고 있지만 우리는 선진국과 중진국 그리고 후진국으로 분류해서 호칭한다. 가장 자주 가 보는 중국의 경우 세계 최고의 인구규모와 경제성장률을 기록하고 있지만 우리는 선진국이라 부르지 않는다. 내가 이에 동의하는 이유는 언젠가 수출상담차 심천공업특구에 갔었는데 큰 사거리에서 서로 먼저 가려고 한 치의 양보도 없이 치열하게 경쟁을 하다 보니 사방이 꼼짝없이 멈춰버렸다. 더 재미있는 현상은 운전자 상호간에 눈을 마주치지 않는다는 것이다.

그리고 심천에서 광저우까지 갔다 오는데 고속도로 상에서도 끼어들기가 서울시내 러시아워 때보다 더 심했다. 질서부재가 만든 최악의 비효율성 때문에 모두가 피해자로서 대가를 치러야만 했던 것이다. 아마 지금 다시 가 봐도 똑같은 현상이 벌어지고 있으리라 장담할 수 있다.

이와는 반대로 가끔 건너가는 일본의 경우엔 조그마한 일부터 사람들의 의식과 태도가 확연하게 다르다. 약 15년 전에 출장을 갔을 때 새벽에 잠이 깨어 호텔 창가에서 밖을 보고 있었는데 통행하는 차량은 거의 없었다. 그런데도 흰색의 조그만 차 한 대가 그 새벽에 혼자서 신호를 기다리는 모습을 보고 '아, 저래서 선진국이구나!' 하는 생각을 하게 되었다.

얼마 전에 구소련에서 분리 독립한 우크라이나에 갔던 일이 있다. 그곳에 근무하는 우리의 현지인들은 밤늦게는 가급적 나가지 말라고 하면서 꼭 외출이 필요하면 혼자는 절대 안 되고 짝을 지어 나가야 그나마 위험이 적다고 얘기하는 걸 들었다. 역시 선진국이라고 호칭되지 않는 이유를 알았다.

뉴욕에 갔을 때 던킨도너츠 가게에 커피 한잔 사려고 들어갔는데 주문하는 고객들이 질서정연하게 줄을 서서 기다리는 모습을 보며 역시 미국이라는 생각을 했다.

아제르바이잔도 구소련에서 독립한 국가이다. 이 나라 사람들은 아주 오랫동안 사회주의에 길들여져 있어 정부에 대한 불만의 표시나 자발적인 질문이 없는 것 같았다. 그저 위에서 시키는 대로 할뿐 더 이상의 능동적 행동은 기대하기 어려운 민족처럼 느껴졌다. 어딜 가나 정유시설을 볼 수 있는 자원부국이지만 내 생각으로 우리보다 한 이삼십 년은 뒤떨어졌다고 생각된다. 그래서 일류국가로 분류되지 않는다.

서류심사와 1차, 2차 면접시험을 통과해서 어렵사리 입사한 직원들도 6개월만 지나면 능동적인지 피동적인지 쉽게 평가를 내릴 수 있다. 어떤 일을 부과해서 추진하는 자세를 보면 알게 된다. 우리가 흔히 "2080"이라고 하는 것도 20%의 일류의식을 가진 사람이 나머지 80%를 끌고 간다는 뜻인데 그만큼 많은 사람들이 무임승차 내지는 그저 피동적으로 일한다는 얘기다. 대학을 졸업하고 사회에 첫발을 디딜 때 자기가 좋아하는 일을 해야 잘할 수 있고 능력도 신장되며 누가 시키지 않아도 자발적으로 일을 찾아서 하는 것이다.

피동적인 이유는 자기가 좋아하지 않는 일을 할 때, 그리고 꿈과 목표도 없이 어떤 일을 무작정 수행할 때, 또 하나는 관습적으로 이어져 내려온 조직 분위기 때문에 그렇다고 볼 수 있다. 소위 일류조직이란 곳에서는 규정을 어기거나 농땡이를 필 여지가 보이지 않는다. 그리고 자발적으로 또는 창의적으로 도전하지 않으면 그 조직에서 살아남을 수 없는 분위기가 기본적으로 깔려 있다.

선진국은 시민정신이 높아서 정치가나 기업가나 공무원이나 일반 국민이나 부정한 행위를 하기가 쉽지 않은 환경이지만 후진국에서는 무단횡단을 하더라도 그들 자신이 불법행위를 했다고 느끼질 못하기에 국민 모두가 똑같이 그런 행동을 하다

보니 올바른 질서가 정착하려면 무척 어렵고 또 오래 걸린다는 얘기다. 60~70년대의 우리를 생각해 보면 알 수 있는 것처럼.

단위 조직이나 한 사회의 구성원의 의식이 일류와 삼류, 선진국과 후진국을 가르게 된다. 양복 한 벌을 사서 입어 봐도 100만 원짜리와 10만 원짜리는 질이 다르다는 걸 경험해 본 적이 있다. 재질은 같더라도 값이 싼 상품은 마지막 바느질 부분에서 미흡하여 결국은 소비자로부터 "이래서 싸구나" 하는 인식을 받아 다시는 사지 말아야겠다는 외면을 당하게 된다. 일류 기업은 상품을 팔고 나서도 끝까지 책임을 지지만 삼류는 고객에게 성의 없이 대응하고 심지어는 아예 문을 닫아버린 회사도 많아 더 이상 After Service를 받을 수 없는 경우가 허다하다.

나는 우리나라와 더불어 일류로 가는 데 의식을 같이하며 살고 있다. 나부터 일류가 되어야 내가 소속한 조직이나 모임이 발전하고 그 구성원이 닮게 되며 우리나라가 선진국이 된다. 세계 10대 경제국이지만 아직도 우리는 선진국으로 완전 분류되려면 많은 관습을 고쳐야 한다. 삼류는 피동적인 의식을 바꿔야 일류로 갈 수 있다. 친구들과 약속을 해도 꼭 늦는 사람은 정해져 있다. 나는 이런 친구를 생각할 때 이기주의자라고 혹평해 버린다. 왜냐하면 자기 시간만 아깝고 남이 기다리는 건 대수롭지 않게 생각하기에 삼류주의자라고 분류해 버린다.

몇 년 전에 나와 가까이 지내던 사람으로부터 동업을 하자는 프러포즈를 받았지만 평소에 약속시간 개념이 흐리멍덩하다는 인식 때문에 거절했던 적이 있다. 하나를 보면 열을 알 수 있다는 생각이 내 머리를 지배하고 있었기에 당연한 결과였다. 일류와 삼류는 이처럼 조그만 일로부터 분류되기 시작한다. 그래서 그 사람의 조직은 삼류이고 더 이상 발전을 기대하기는 힘든 상황이었다. 틀림없는 사람, 틀림없는 회사, 틀림없는 국가만 일류로 살아남는다. 삼류는 단지 존재하고 있을 뿐이지 결코 오래가지 못한다. 경쟁력이 없으니까….

지금 나는 몇 류인가?

11층의 태양

지난 밤 원우들과 처음으로 호프데이 미팅을 가졌다. 밤 9시가 넘어서 강의가 끝난 후 모이는 자리라 모두가 쫓기는 심정으로 나처럼 아예 차를 놓고 온 사람은 지하철 시간을 예의주시하면서 호프를 바쁘게 마셨다. 귀가시 귀찮을까봐 차를 가져온 사람은 호프 반잔이나 사이다를 놓고 담소를 했다. 각계각층에서 다양한 연령대로 구성된 이 학급은 새로운 사람들과의 만남으로 설레고 있었다.

서둘러 자리에서 일어나고자 했건만 시간은 이미 밤 11시가 되어서야 쫑이 났다. 나는 앞좌석에서 얘기를 나누던 분과 성북역에서 지하철을 같이 탔다. 집에 도착하니 밤 12시가 훨씬 넘었다. 경비실 노인양반은 불을 끄고 주무시는 모양이었고 출입구는 잠겨 있었다. 번호키를 눌러 호출하니 딸아이가 말대꾸도 없이 문만 열어주었다. 그도 그럴 것이 딸아이는 새벽 5시

50분에 기상해서 준비해야 통근버스를 탈 수 있기에 잠자고 있을 시간이기 때문이다. 엘리베이터를 타고 5층으로 가서 우리 집 번호키를 누르고 들어가 보니 그 새 딸아이는 자기 방의 불을 끈 채 깊은 잠에 빠져 있었다.

집사람은 모처럼 친정아버지 제사에 참석하러 아침에 고향으로 떠났기에 반겨주는 건 식탁 위에 "씻어 놓았으니 그냥 먹어"라고 아이들에게 써놓은 메모지가 붙어있는 포도와 흰 비닐봉투 안에 들어있는 귤 그리고 이틀 전 골프 치러 갔다가 집사람이 제일 맛있게 한다는 죽전휴게소에 들러 사온 호두과자와 하얀 접시에 깎아놓은 사과 몇 조각, 소파 옆에 즐겨먹던 강냉이였다.

조금 있으면 학교 끝나고 오후 여섯 시부터 열두 시까지 텔레콤회사의 고객센터에서 아르바이트를 하는 복학생 아들이 귀가할 시간이라 TV를 켰다. 아이들이 이제는 자기 기상시간을 알아서 하지만 그래도 혹시나 하는 마음으로 내일 아침 일찍 일어나기 위해 다섯 시 오십 분에다 자명종을 맞춰놓았다.

시계는 정확하게 나를 깨웠다. 몇 분 후 역시나 깨우지도 않았는데 딸아이가 스스로 일어나 세면실로 들어갔다. 일부러 아들도 깨우지 않았으나 등교시간이 되니 알아서 눈을 부비며 자기 방에서 나왔다. 이런 스타일이 집사람과 나와의 차이점이다. 집사람은 아침마다 아이들을 깨우지만 나는 정반대로 기다려

보고 문제가 있다고 판단될 때만 행동에 나서는 스타일이다.

집에서 나와 12층짜리 서편 건물 유리벽을 쳐다보니 11층에 아침 태양이 동그랗게 박혀 있다. 새로운 하루가 시작되었음을 증명하는 것이다. 어젯밤부터 오늘 아침까지의 일과는 이미 과거가 되었고 이제부터는 재미있고 보람된 하루살이 계획을 짜고 잘 실천에 옮기기만 하면 된다. 짧은 일과를 스케치해 봤지만 이걸 길게 늘어뜨리면 우리네 인생살이와 같이 바쁘게, 부족하게, 뿌듯하게, 그리고 모였다가 흩어지고 흩어졌다가 모이고를 반복하며 살아가는 모습일 것이다.

그래도 행복한 건 식구 모두에게 항상 자기 할 일이 기다리고 있다는 것이다. 고로 나는 행복하다. 오늘 낮에도 역시 나를 찾는 사람이 많을 것이기 때문이다.

50대 중반의 증후군

약 2년 전부터 친구의 소개로 다니는 병원이 있다. 범계역에 자리한 박내과라는 곳인데 당시 혈압이 140을 넘어서 걱정하고 있을 때 술좌석에서 얘기를 나누다가 "너, 죽을라고 환장했냐?"라며 빨리 병원에 가보라는 명령에 따라 첫발을 내딛게 되었다. 한 번 가면 30일분 약을 받아오는데 다음 달에는 해외에 열흘간 갈 일이 있어 40일분을 처방해 달라고 할 요량으로 아침 일찍 집을 나서 병원에 도착하니 8시 20분이 채 안 되었다. 9시부터 진료 시작이니 40분이나 남았다. 같은 3층의 옆에 있는 증권회사 사무실에서는 이미 전 직원이 모여 조회를 하고 있었다. 어떻게 할까 왔다 갔다 하다가 복도에 있는 의자에 앉아 그냥 기다리는데 낯익은 얼굴이 눈에 들어왔다. 간호사였다.

반가운 마음에 "내가 1번입니다"라고 얘기했더니 "예, 안녕

하세요!”라고 인사하며 병원 문을 열려고 황급한 걸음으로 지나친다. 조금 앉아 있다가 신문이나 보려고 병원 안으로 들어가서 진공청소기를 든 간호사에게 “신문 왔어요?” 하고 물으니 “아직 안 왔네요” 하며 원장실부터 청소를 시작했다.

지난달에 갔을 때 노인양반들이 워낙 일찍 와서 기다리시는 바람에 진료 받는 데 한참을 지체했던 기억이 있어서 이번에는 일찍 도착했던 것이다. 불경기에는 병원도 어렵다더니 노인 환자들이 기다리는 모습이 안 보여 정말 그런가 보다 하는 생각이 들었다.

그냥 기다리기가 심심해 양복 상의를 벗고 자동 혈압 측정기에 오른팔을 넣어 혼자 혈압과 맥박도 체크해 보고 지참했던 건강검진 결과 통보서도 다시 읽어보고 있는데 “야 임마! 너 웬일이야?” 하며 누군가가 소리치며 병원으로 들어왔다. 그 친구였다. 2년 전에 호통을 치며 나를 이 병원에 오게 만든 고마운 놈이었다. 정말 우연히 이곳에서, 그것도 이른 아침부터 만나니까 색다른 반가움이 느껴졌다. 맨날 만나봐야 저녁 때 소주집에서 보는 게 일인데 제정신에 얼굴을 보니까 새삼스러웠다.

박원장은 우리 둘이 친구인 걸 알고 1번과 2번 환자 둘이 같이 들어오라고 배려를 해 주었다. 두 사람의 상담내용은 거기서 거기였다. 위장상태, 비만도, 혈압, 당뇨, 콜레스테롤, 간장상태 등등 오십대 중반이 공통적으로 관리해야 될 항목들을 중심으로 현재의 상황체크와 이에 따른 식생활 습관 및 운동의 필요성에 대해 지적과 반복 교육을 받았다.

병원 문을 나서면서 둘이는 옆에 있는 약국에 들러 약을 사고 조기 미팅 기념으로, 아니 그냥 헤어지긴 뭐해서 모닝커피를 한 잔 하러 갔다. 이야기 주제는 요즘의 스케줄, 주변 사람들의 소식, 자식들 근황, 그리고 언제쯤 한잔 같이 할 수 있을까 하는 등등의 내용이었다. 조만간 다시 볼 얼굴이었지만 각자가 먹고 사는 길은 따로 있으니 섭섭하지만 헤어질 수밖에 없었다.

50년 이상 쓰다 남은 중고차 상태의 몸을 추스르고 보수 유지하기 위해 늘 신경 쓰이고, 결혼한 지 사반세기도 넘었으니 장성한 자식들은 언제나 독립할까 걱정되고, 늙어서도 인간답게 살려면 지금 어떻게 해야 하나 고민스럽고, 가끔씩 젊은 사람들로부터 "어르신"이라고 호칭되어도, 그래도 마음은 아직까진 청춘인데 하루하루 재미나게 살고 싶은 게 50대 중반의 증후군이라고 느껴졌다.

"과거로부터 속박 받지 않고 앞을 내다보며 현재와 미래의 사건을 향하고, 변화와 도전에 대한 끊임없는 욕구를 갖고, 새로운 경험과 모험을 하고 탐험을 한다"는 어느 심리학자의 말을 그대로 행동으로 옮기고 싶다. 왜냐하면 나는 아직도 절대로 늙지 않았다고 생각하고 있기 때문이다. 긍정적 관심은 새로운 경험과 도전을 즐길 수 있고 이런 자세는 다양한 삶을 맛 볼 수 있다고 믿기에 50대 중반의 나는 앞으로도 그렇게 살련다.

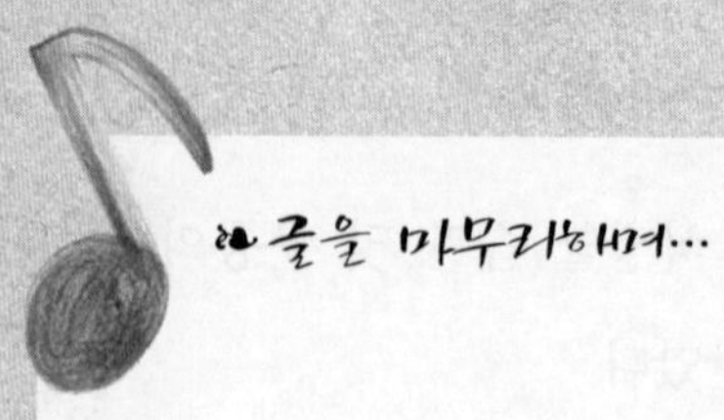

글을 마무리하며...

"시간을 잃어버린 마을을 찾아서"라는 수필집으로 2005년 12월에 첫발을 내디딘 후 나에게는 몇 개월간의 휴식이 필요했다. "뜨거운 차를 마시려면 먼저 찻잔을 비워라" 하는 속담이 있듯이, 진짜 그런 생각에서 그랬는지는 모르지만 그냥 쉬고 싶었던 것이다.

그러나 내가 사는 모습과 살아가고 싶은 미래를 계속 그려보고 싶다는 생각에 다시 펜을 들어 3년간의 마라톤 끝에 이번에 두 번째 수필집 "하나아 두우울 하며 살자"를 내놓고는 나 자신과의 약속을 지킬 수 있어서 행복했다.

인생에 있어서 행복은 본인이 해석하기 나름이란다. 그동안 나의 현실에 대해서 늘 감사하게 생각했고 "나는 행복하다"라고 항상 최면을 걸다 보니 내 입가엔 웃음이 같이할 수 있었고 상대방을 이해하고 사랑하려는 마음도 생겼다.

또한 글을 쓰면서 이러한 마음가짐을 자꾸 확인할 수 있어 좋았다. 첫 번째 수필집에서는 시간의 지배를 벗어나고 싶었다면 이번에는 내 스스로 여유를 만들어 내는 삶의 방식을 찾아보았다. 세 번째에는 나의 어떤 정열을 담을 것인지 고민해야겠다.

오늘이 있기까지 내 주변에서 나를 위해 격려해 주신 모든 분들께 정말로 감사하다는 말씀을 드리고 싶다.

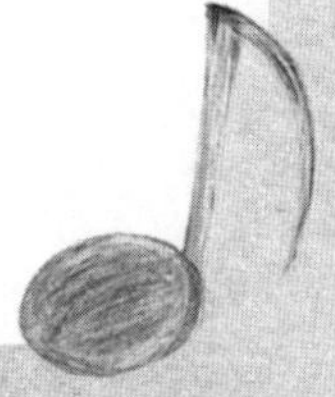